साहस और आत्मविश्वास

रोमी सूद 'उपमाश्री'

वी एण्ड एस पब्लिशर्स

प्रकाशक

वी एण्ड एस पब्लिशर्स

F-2/16, अंसारी रोड, दरियागंज, नयी दिल्ली-110002
☎ 23240026, 23240027 • *फैक्स:* 011-23240028
E-mail: info@vspublishers.com • *Website:* www.vspublishers.com

शाखा: हैदराबाद
5-1-707/1, ब्रिज भवन (सेन्ट्रल बैंक ऑफ इण्डिया लेन के पास)
बैंक स्ट्रीट, कोटी, हैदराबाद-500 095
☎ 040-24737290
E-mail: vspublishershyd@gmail.com

Follow us on:

All books available at **www.vspublishers.com**

मुद्रक: परम ऑफसेटर्स, ओखला, नयी दिल्ली-110020

आत्म-विकास
की सर्वश्रेष्ठ पुस्तकें

वी एण्ड एस पब्लिशर्स की पुस्तकें

देश-भर के रेलवे, रोडवेज़ तथा अन्य प्रमुख बुक स्टॉलों पर उपलब्ध हैं। अपनी मनपसन्द पुस्तकों की माँग किसी भी नजदीकी बुक स्टॉल से करें। यदि न मिलें, तो हमें पत्र लिखें। हम आपको तुरन्त भेज देंगे। इन पुस्तकों की निरन्तर जानकारी पाने के लिए विस्तृत सूची-पत्र मँगवाएँ या हमारी वेबसाइट देखें –

www.vspublishers.com

अनुक्रम

आत्मविश्वास की जरूरत

अगर आप जीवन में सफल होना चाहते हैं, तो सबसे पहले आपको सफलता प्राप्ति के लिए अपेक्षित गुणों का मूल्यांकन करना होगा। तत्पश्चात् उन गुणों का स्वयं में विकास करना होगा, तभी आप कह सकते हैं कि आप ही सफलता के असली हकदार हैं। सफल होना चाहते हैं, तो आपको स्वयं की पात्रता सिद्ध करनी पड़ेगी। आज तक सफल हुए महान् व्यक्तियों के जीवन का विश्लेषण कीजिए। ग़ौर कीजिए कि उनके आचरण में ऐसा क्या था, जिसने मंजिल तक पहुंचने में सीढ़ियों का कार्य किया। उस गुण को खोजने का प्रयास कीजिए, जिसके अभाव में आज का असाधारण माना जाने वाला व्यक्ति संभवतः एक साधारण व्यक्ति ही रह गया होता है। निश्चय ही यह आत्मविश्वास की ही शक्ति है, जो एक साधारण और सामान्य व्यक्ति को प्रतिष्ठित और सफल बना देती है। आत्मविश्वास के अभाव में आपका सारा ज्ञान, आपकी सारी योग्यताएं व्यर्थ हैं। इसके बिना न तो आपका ज्ञान काम आएगा और न ही योग्यताएं आपका साथ देंगी।

मनुष्य की शारीरिक शक्तियां इतनी प्रबल नहीं होतीं, जितनी आत्मविश्वास की शक्ति। आत्मविश्वास बहुत बड़ी शक्ति है। कई बार व्यक्ति शारीरिक रूप से सक्षम होता है, किंतु मानसिक रूप से बलवान नहीं होता। आत्मविश्वास की इस कमी के कारण वह अपनी शारीरिक शक्तियों का भी समुचित उपयोग नहीं कर पाता। यदि आप अपनी शारीरिक शक्तियों का भरपूर उपयोग करना चाहते हैं, तो इसके लिए आपको अपनी मानसिक शक्ति, जिसे आत्मविश्वास से पूरित किया जाता है, का विकास करना होगा।

जिस व्यक्ति ने आत्मविश्वास के महत्त्व को जानकर इस गुण का विकास कर लिया, उसकी सफलता में संशय का स्थान ही नहीं बचता। कई बार हम किसी असाधारण से व्यक्ति से मिलते हैं और उसे नजरअंदाज कर देते हैं, मगर कुछ ही वर्षों बाद हमें ज्ञात होता है कि वह आज अपने क्षेत्र का सबसे सफल व्यक्ति बन गया है, तो हम बरबस उसके भाग्य की सराहना करने लगते हैं। हम यहीं मात खा जाते हैं और मात्र उसके भाग्य की प्रशंसा करके बात खत्म कर देते हैं तथा यह विचार करना भूल जाते हैं कि अमुक व्यक्ति के जीवन की इस चमत्कारिक सफलता का

मूल कारण क्या है ? अगर उस कारण को खोजने का प्रयास करें, तो निश्चय ही उसकी सफलता का रहस्य, उसका आत्मविश्वास ही पाएंगे।

आईजैक न्यूटन का नाम तो आपने सुना ही होगा। हां, वही आइजैक न्यूटन, जिन्होंने गति के सिद्धांतों को परिभाषित किया, गुरुत्व के नियमों की व्याख्या की, प्रकाश के वर्णक्रम को खोजा और गणित की नींव रखी। उनकी जीवन-गाथा पढ़ कर देखें। उनके जन्म से तीन माह पूर्व ही उनके पिता चल बसे थे। उनकी मां ने दूसरी शादी कर ली। सौतेले पिता ने उन्हें नानी के घर भेज दिया। माता-पिता के प्यार के अभाव ने आइजैक के मन में हीन भावना भर दी, मगर इसी बीच छात्र-काल में ही एक घटना घटी। कहते हैं कि वह घटना तो मामूली थी, मगर आईजैक के जीवन में आत्मविश्वास भर गई। उसी आत्मविश्वास का चमत्कार हमें उनके अनुसंधानों में देखने को मिलता है।

साधारणता से असाधारणता की ओर ले जाने वाली एकमात्र शक्ति आत्मविश्वास ही है। जीवन के महान् उद्देश्यों में सफलता का मूल मंत्र आत्मविश्वास ही है। बिना आत्मविश्वास के एक कदम चलना भी कठिन है और अगर आत्मविश्वास की शक्ति साथ है तो जीवन के तमाम ऊबड़-खाबड़ रास्तों की यात्रा भी सरलता से पूरी हो जाती है।

देखने में जो लोग आयोग्य लगते हैं, कभी-कभी वे ही आत्मविश्वास की शक्ति द्वारा अपने से अधिक योग्य समझे जाने वाले लोगों से भी बड़े और चकित कर देने वाले कार्य कर दिखाते हैं।

युद्ध में लड़ने वाले सैनिकों की हार-जीत उनके आत्मविश्वास पर ही निर्भर करती है। ऐसे असंख्य उदाहरण ऐतिहासिक प्रमाण के रूप में उपलब्ध हैं, जब हारती हुई सेना को एकाएक सेनापति के द्वारा दिए गए आत्मविश्वास से पूरित भाषण ने विजयी बनाया। सेना हार रही है। सामने वाले का पलड़ा भारी है। जीतने के कोई आसार नजर नहीं आ रहे। सैनिकों के मन में समर्पण के भाव उठ रहे हैं, लेकिन तभी सेनापति की वाणी ने सैनिकों में विश्वास की शक्ति पैदा कर दी। देखते-ही-देखते हारती हुई सेना ने विजय प्राप्त कर ली। युद्धभूमि में लड़ने वाले एक सैनिक के यह शब्द इस संदर्भ में निःसंदेह उत्साहित करने वाले हैं। उसने कहा था, "युद्ध में बंदूक नहीं, बल्कि उसको पकड़ने वाला सिपाही लड़ता है, उसका हृदय भी नहीं, बल्कि उसमें भरा प्रबल आत्मविश्वास ही लड़ता है।" आत्मविश्वास एक ऐसा कवच है, जो किसी भी तरह की विपत्तियों में समान रूप से रक्षा करता है।

आत्मविश्वास की शक्ति के सहारे ही पियरे ने उत्तरी ध्रुव की खोज
की थी। उसके साथियों ने उससे बगावत कर दी थी। जहाज भी धोखा
दे गया। सभी परिस्थितियां उसके प्रतिकूल थीं। उसके साथ देने वालों
में आत्मविश्वास के अतिरिक्त और कोई भी न था। उस पर कुछ
करने का जुनून सवार था। कोई भी बाधा उसे उसके मार्ग से विचलित
न कर सकी और वह अपनी मंजिल पर पहुंच ही गया।

अनुकूल परिस्थितियां भले ही आपका साथ छोड़ दें, मगर आत्मविश्वास का साथ नहीं छूटना चाहिए। यह एक ऐसा साथी है, जिससे अच्छा आपका कोई मार्गदर्शक नहीं हो सकता। जिस तरह समुद्र में तेज तूफान में दिशासूचक यंत्र नाविकों का मार्गदर्शन करता है, उसी तरह मन में विपरीत भावों के बवंडर उठ रहे हों और आपके सामने विपरीत परिस्थितियों के झंझावात खड़े हों, तो उस समय आत्मविश्वास ही दिशा सूचक की भांति उचित मार्ग दिखाने का कार्य करता है।

मान लिया, आज आप असफल हैं, पूर्णतः अयोग्य माने जाते हैं, लेकिन विश्वास कीजिए अगर आपने आत्मविश्वास का विकास कर लिया, तो आने वाले कल में आपका नाम सफल व्यक्तियों की श्रेणी में अवश्य होगा। जीवन तो संघर्ष का दूसरा नाम है। विपरीत परिस्थितियों का सामना किसे नहीं करना पड़ता। सदा अनुकूल परिस्थितियां ही बनी रहें, ऐसा संभव नहीं। इसलिए प्रतिकूल समय में भी हिम्मत नहीं हारना चाहिए, बल्कि यह समझना चाहिए कि यही वह समय है, जब हमें आत्मविश्वास की सबसे अधिक आवश्यकता है। विकट परिस्थितियां ही हमें अपने भीतर सोई हुई शक्तियों को पहचानने का अवसर देती हैं। अनेकानेक ऐसे लोग मिल जाएंगे, जिन्हें अपनी शक्तियों का ज्ञान ही नहीं होता, लेकिन जब विकट परिस्थितियां आती हैं और उनकी सुप्त शक्तियां जागती हैं, तो वे स्वयं ही चकित रह जाते हैं।

विंस्टन चर्चिल को सभी लोग मूर्ख समझते थे। वह युवावस्था में भी बुरी
तरह हकलाते थे। यहां तक कि मित्रों के द्वारा उनका मजाक उड़ाया
जाता था, मगर ऐसी परिस्थितियों में भी उन्होंने हार नहीं मानी। लगातार
अच्छा वक्ता बनने के लिए अभ्यास किया और आज वह ब्रिटेन के
प्रधानमंत्री और सफल वक्ता के रूप में याद किए जाते हैं।

सोचिए, जब चर्चिल के मित्र उनका मजाक उड़ाते थे, अगर तब चर्चिल हीन भावना से ग्रस्त हो जाते, मित्रों में जाना छोड़ देते और अन्य लोगों से इस वजह से कट जाते कि कोई उनका मजाक न उड़ाए, तो सफल वक्ता के रूप में वह कभी प्रसिद्धि नहीं पा सकते थे। लोगों का मजाक भी उनके आत्मविश्वास को क्षति नहीं पहुंचा

पाया। *आत्मविश्वास हमारी शक्तियों को दोगुना कर देता है।*

एक छोटे से राज्य कुन्दनपुर का राजा अपने शत्रु नवाब से युद्ध हार गया था। वह मरणासन्न अवस्था में युद्धभूमि में पड़ा था। तभी नवाब हाथी पर सवार होकर वहां आया और कुटिल मुस्कान के साथ बोला, ''क्यों परेल, अब भी लड़ोगे ?'' यही नहीं नवाब ने मूर्च्छित परेल के माथे पर जोर से ठोकर भी लगाई। इस पर स्वाभिमानी परेल ने पूरे विश्वास से कहा, ''हां, अब भी लड़ेंगे। जिएंगे, तो जरूर लड़ेंगे।'' परेल मर गया, परंतु उसका यह वाक्य पूरे महाराष्ट्र को झकझोर गया। परेल के आत्मविश्वास से कहे शब्द असंख्य युवकों का हृदय साहस और आत्मविश्वास से भर गए और तब इतनी भयंकर लड़ाई हुई कि महाराष्ट्र के प्रत्येक घर ने इस युद्ध रूपी यज्ञ में अपना योगदान किया।

अगर हमने जीवन में कुछ करने का ठान लिया और पूरी शक्तियां अपने लक्ष्य की प्राप्ति हेतु लगा दी हैं, तो सफलता हमसे अधिक समय तक दूर नहीं रह सकती। आज जिस भूषण को महान् कवि के रूप में याद किया जाता है, उन्हें भाभी के कटाक्ष ने दिशा दी थी। भाभी का निकम्मा देवर भूषण पहले छत्रसाल के दरबार में और बाद में शिवाजी के दरबार में रहा।

'अभिज्ञान शाकुंतलम' और 'मेघदूत' जैसी अमर कृतियों के रचनाकार कालिदास, भेड़-बकरियां चराने वाले मामूली गड़रिए थे। पत्नी द्वारा उनकी निरक्षरता का मजाक उड़ाया गया, जिससे उन्होंने ज्ञान प्राप्ति का लक्ष्य बना लिया और जुट गए विद्वान् बनने में।

एडीसन को तो पढ़ाई बीच में ही छोड़ देनी पड़ी थी। तब उनके अध्यापक भी यह नहीं जानते थे कि आज जिस बालक को मूर्ख और नालायक समझ रहे हैं, वही ग्रामोफोन, चलचित्र और ताप दीप्त लैंप का आविष्कारक बन जाएगा।

मन शरीर का राजा है और शेष इंद्रियां इस राजा के आदेशों और आज्ञाओं का पालन करने के लिए बाध्य हैं। यदि आपका मन आत्मविश्वास से पूरित होगा, तो शेष इंद्रियां भी उससे प्रभावित होंगी और आपके अंग-अंग में विश्वास की शक्ति संचारित होगी।

किसी भी समाज के लोगों की मानसिकता का मूल्यांकन करके देखिए। आपको दो तरह के लोग ही मिलेंगे, आशावादी और निराशावादी। आशावादी लोगों से बात करने पर आपको उनमें आत्मविश्वास और साहस के भाव स्पष्ट झलकते नजर आएंगे।

सच्चाई यह है कि इस आत्मविश्वास और साहस की शक्ति ने ही उन्हें आशावादी दृष्टिकोण दिया है, जिससे प्रत्येक कार्य में उन्हें सफलता मिलती है। दूसरी ओर निराशावादी लोग विश्वास की शक्ति खो चुके होते हैं। उन्हें जीवन के अंधेरों को देखने की आदत पड़ी होती है। वे यह भूल जाते हैं कि जीवन में एक द्वार बंद होता है, तो दूसरा खुल जाता है। आशावादी लोग जहां खुले द्वार की ओर देखते हैं, निराशावादी बंद दरवाजों को देखते रहते हैं। निराश लोग जहां खड़े होते हैं, वहीं खड़े रहते हैं और आशावादी जीवन की ऊंचाइयों का स्पर्श पाकर आनंदित होते हैं। यदि आपके मन में यह बात बैठ जाए कि जिस वस्तु को आप प्राप्त करना चाहते हैं, उसे प्राप्त करने की सभी योग्ताएं आप में हैं, तो निस्संदेह आपमें इतनी शक्ति और सामर्थ्य पैदा हो जाएगी कि आप उसे प्राप्त कर ही लेंगे।

यदि आप समझते हैं कि वास्तव में अमुक उच्च पद प्राप्त कर सकते हैं, तभी आप उस पद को प्राप्त करने के हकदार माने जाएंगे। यदि आपको यह विश्वास नहीं है कि आप उस पद को प्राप्त कर पाएंगे, तो भले ही आप कितना ही परिश्रम करें, आपकी सफलता की कोई गारंटी नहीं है। मैं अक्सर आस्तिक लोगों से कहा करती हूं कि ईश्वर से जो मांगोगे मिलेगा, बशर्ते कि पूरे विश्वास से मांगो। जब कभी आपकी कोई मांग पूरी नहीं होती, तो समझ लेना कि आपके विश्वास में कमी है। जो लोग स्वयं पर विश्वास नहीं करते, उन्हें कभी दूसरों से यह अपेक्षा नहीं रखनी चाहिए कि वे उन पर विश्वास करें। दूसरे लोग आपको समर्थ तभी समझेंगे, यदि आपको अपनी शक्तियों पर भरोसा होगा। ***याद रखिए, आज तक किसी भी व्यक्ति की योग्यताओं का मूल्यांकन लोग उसके चेहरे और हाव-भाव से झलकने वाले आत्मविश्वास से लगाते हैं। आप अपना जो मूल्य निर्धारित कर लेंगे, आपको आपका उससे अधिक मूल्य नहीं मिल सकता, क्योंकि दूसरों की दृष्टि में ऊंचा उठने के लिए स्वयं की दृष्टि में ऊंचा होने की जरूरत है। इसी का नाम आत्मविश्वास है। स्वयं पर विश्वास करें, स्वयं की योग्यताओं पर विश्वास करें।*** प्रत्येक व्यक्ति में कोई न कोई कमजोरी छिपी होती है। जैसे-जैसे आप अपनी कमजोरियों पर विजय पाते जाएंगे, आपका आत्मविश्वास बढ़ता जाएगा।

> *कुछ वर्ष पूर्व की बात है। मुझे कुत्तों से बहुत डर लगता था। उन्हीं दिनों मैंने कहीं पढ़ा था कि जानवर हम पर हमला इसलिए करते हैं, क्योंकि उन्हें हमसे भय लगता है। एकाएक मेरे दिमाग में बात आई कि फिर तो जितना कुत्ते से मैं डरती हूं, उतना ही कुत्ते को भी मुझसे डर लगता होगा। जहां हम रहते थे घरों की छतें आपस में मिली हुई थीं। हमारे घर से चार घर छोड़कर एक घर की छत पर काले रंग का कुत्ता बैठा था। मैं अपनी छत पर थी। मैंने उस पर प्रयोग करने*

के लिए कुत्ते को घूरना शुरू कर दिया। मुझे आश्चर्य हुआ कि कुत्ता असहज हो गया था। वह भी लगातार मेरी ओर देखने लगा, फिर खड़ा हो गया। एक बार भौंका, तो मैं दीवार पर खड़ी होकर उसे ज्यादा घूरने लगी, वह सीढ़ियां उतर कर भाग गया। मुझे हैरानी हुई कि जिन गली के कमजोर कुत्तों से मैं डरती थी, वे मेरे आंख दिखाने से ही डरते हैं।

दरअसल यह मुझमें आए आत्मविश्वास और निर्भयता का ही परिणाम था। आत्मविश्वास की शक्ति के बल पर ही तो कुछ लोग जंगली खूंखार जानवरों को वश में कर लेते हैं और उनसे अपनी आज्ञाओं का इस तरह पालन करवाते हैं, मानो वे घरेलू, शांतिप्रिय जीव हों।

आत्मविश्वास का प्रभाव मनुष्य पर ही नहीं, जानवरों पर भी पड़ता है। रेस में प्रथम आने वाले घोड़े की पीठ को थपथपाएंगे, तो उसमें आत्मविश्वास पैदा हो जाएगा और उसकी शक्तियां भी दोगुनी हो जाएंगी। अगर उसे प्यार से थपथपाया न जाए, तो उसका विश्वास डगमगा जाएगा और उसकी गति भी धीमी पड़ जाएगी। पुलिस के कुत्तों को ट्रेनिंग देने वाले लोग भी यह स्वीकार करते हैं कि ट्रेनिंग के दौरान समय-समय पर कुत्तों को दी गई शाबाशी उनमें आत्मविश्वास भर देती है।

आप प्रत्येक कार्य पूरे आत्मविश्वास से करते हैं। आपको जो कार्यभार दिया जाता है, आप उसे बखूबी निभाते हैं, लेकिन किसी व्यक्ति से मिलते समय या साक्षात्कार के समय आप घबरा जाते हैं, तो समझ लीजिए कि आप में आत्मविश्वास की कमी है। जितनी जल्दी आप इस कमी को दूर कर लेंगे, उतनी ही जल्दी सफल व्यक्तियों की श्रेणी में स्थान पा लेंगे। इसके लिए जरूरी है कि हम उन कारणों पर भी गौर करें, जो आत्मविश्वास को कम करते हैं।

आत्मविश्वास की शक्ति को नजरअंदाज नहीं किया जा सकता। अपने आत्मविश्वास में स्थायीपन लाइए। उस आत्मविश्वास से भी लाभ नहीं हो सकता, जो सदैव डावांडोल स्थिति में रहता हो।

मेरे एक मनोचिकित्सक मित्र हैं। कई पत्रिकाओं में पाठकों की मानसिक समस्याओं के समाधान हेतु स्तम्भ लिखते हैं। एक दिन उन्होंने मुझे एक युवती का पत्र दिखाया। पत्र कुछ इस तरह था, "डाक्टर साहब, मैं जीवन में बहुत आगे बढ़ना चाहती हूं। मुझमें पूरा आत्मविश्वास भी है। छोटी-सी सफलता भी मुझे उत्साहित कर देती है और मैं पूरे जोश से अपने कार्य में लग जाती हूं, मगर एक समस्या है। जरा-सी

असफलता मेरे हौंसले पस्त कर देती है। *स्थिति यह है कि एक दिन मुझे लगता है कि मुझमें पूरी क्षमताएं हैं और मैं जल्दी ही सफलता के शिखर पर पहुंचने वाली हूं, मगर अगले ही दिन मैं निराश हो जाती हूं और मुझे मेरी मां का फिर से हौसला भरा लंबा लैक्चर ही सामान्य कर पाता है। मेरी मदद कीजिए।''*

मेरी मित्र ने मुझसे पूछा कि मैं इसका क्या उत्तर दूंगी ? तब मैंने कहा कि इस युवती की समस्या अस्थिर मन की है। निश्चय ही यह स्वभाव से चंचल होगी। इसको अपने स्वभाव में स्थिरता लानी चाहिए। युवती आशा के क्षणों में दो कदम आगे बढ़ाती है और निराश होकर चार कदम पीछे हट जाती है। व्यवहार में स्थिरता लाने के लिए जरूरी है कि आशा के क्षणों में उसके मन में जो विचार उठते हैं, उन्हें लिपिबद्ध कर ले, या किसी कैसेट में बोल कर रेकॉर्ड कर ले। जब उसे लगे कि उसका मन कमजोर पड़ रहा है, तो अपनी आवाज में रेकॉर्ड कैसेट को सुने या अपने लिखे को पढ़े। उसे अवश्य लाभ होगा।

आज मैं अपने तमाम पाठकों को भी यह राय देना चाहती हूं। छोटे-से-छोटे या बड़े-से-बड़े कार्य में भी सफलता प्राप्त करना हो, तो आत्मविश्वास की जरूरत को नजरअंदाज नहीं किया जा सकता। उक्त प्रयोग को मेरे कई जानकारों ने आज़माया हुआ है, इसलिए इसकी सार्थकता पर संदेह का कारण ही पैदा नहीं होता।

आज ऐसी संस्थाओं की जरूरत है, जो युवक-युवतियों को आत्मविश्वास जाग्रत करने में सहायता दें। जब कोई व्यक्ति बीमार होता है, तो डाक्टर के पास इलाज करवाने जाता है। आपका विश्वास डगमगा रहा है, आप निराश हो रहे हैं, यह भी तो रोग का ही लक्षण है, क्योंकि जो आपके मन और शरीर के साथ नहीं होना चाहिए, वह हो रहा है, तो आप रोगी हैं। आपको इलाज की जरूरत है। आप आत्मविश्वास बढ़ाने वाला साहित्य पढ़िए या आत्मविश्वासी लोगों से मिलिए। कुछ भी कीजिए, लेकिन अपने आत्मविश्वास को बचाइए।

अपने मन को बौना मत बनाइए। ऊंचे सपने देखना बुरी बात नहीं है। मन को मजबूत बनाइए। एक दिन आपके सपने आपकी कल्पनाओं की दीवार फांदकर मूर्त रूप में आपका यथार्थ बन कर सामने आ जाएंगे।

कहते हैं कि जब मुसीबत आती है, तो अकेले नहीं आती। यह तो वह बात हो गई कि भगवान देता है, तो छप्पर फाड़ कर देता है, भले ही वे मुसीबतें ही क्यों न हों। प्रत्येक व्यक्ति के जीवन में कभी-न-कभी ऐसा समय आता है, जब उस

पर मुसीबतों का पहाड़ टूट पड़ता है। दरअसल यही वह समय है, जब आपके आत्मविश्वास की परीक्षा होती है। यदि आप एक साथ मुसीबतें देखकर घबरा जाते हैं, तो संभलिए। अनुकूल परिस्थितियों में तो सभी कार्य कर लेते हैं। बात तो तब बनती है, जब प्रतिकूल स्थितियां भी आपको विचलित न कर पाएं।

एक युवती 19 वर्ष की थी। उसकी मां का देहांत हो गया। अगले ही वर्ष उसके पिता चल बसे। बेचारी अनाथ हो गई। चाचा ने शादी कर दी। शादी के दो वर्ष बाद ही पति और उसकी एक मात्र पुत्री की एक्सीडेंट में मृत्यु हो गई। ससुराल वालों ने मनहूस कह कर घर से निकाल दिया, मगर उसने हिम्मत न हारी। अच्छी नौकरी जल्दी मिल न सकती थी, क्योंकि उसकी शैक्षणिक योग्यता भी कम थी। उसने एक छोटे से स्कूल में चपरासी का कार्य कर लिया और अपनी पढ़ाई फिर से शुरू कर दी। जैसे-जैसे उसकी शैक्षणिक योग्यता बढ़ती गई, उसकी तरक्की भी होती गई। धीरे-धीरे उसने पी-एच. डी. की डिग्री हासिल कर ली। जब उसे पता चला कि लेक्चरर के पद के लिए आवेदन मंगाए गए हैं, तो उसने अवसर का लाभ उठाया। उसका चयन हो गया और आज वह सम्मान का जीवन व्यतीत कर रही है। उसका पुनर्विवाह भी हुआ। अब उसके दो पुत्र और एक पुत्री है। अगर उसके स्थान पर कोई हिम्मत हारने वाली युवती होती, तो संभवतः निराश होकर आत्महत्या कर लेती।

उस युवती को जीवन खत्म कर लेने पर क्या हासिल होता ? वह समाज को क्या दे पाती ? कुछ नहीं। जब भी याद की जाती, कायरों के रूप में उसे स्मरण किया जाता। आज वह स्वयं भी खुश है और समाज की उन्नति में अपना योगदान भी दे रही है। सच तो यह है कि समाज या भाग्य सभी लोगों को अवसर देता है। हम में से कोई भी उस अवसर का लाभ उठाने के लिए स्वतंत्र है और हमें सदा इसके लिए तैयार रहना चाहिए।

एक गिलास को आधा पानी से भर कर रखा गया और दर्शकों से पूछा गया कि यह कैसा गिलास है ? कुछ ने बताया कि आधा गिलास भरा हुआ है, तो कुछ का उत्तर था कि आधा गिलास खाली है। दरअसल जिन लोगों ने उत्तर दिया था कि आधा गिलास भरा है, वे आशावादी लोग थे, जो जीवन में कोई अवसर व्यर्थ नहीं जाने देते। दूसरी ओर जो लोग आधा खाली गिलास देखते हैं, वे निराशावादी होते हैं। जिनका ध्यान उस ओर ही जाता है, जो उनके पास नहीं है। वे हमेशा ही बंद दरवाजे के पास बैठे अपनी किस्मत का रोना रोते रहते हैं और प्रतीक्षा करते रहते

हैं कि कब दरवाजा खुले और कब अन्दर जाएं।

स्वयं को बदलें। अपने दृष्टिकोण में सुधार लाएं। आत्मविश्वासी बनने के लिए आपको अपनी सोच सकारात्मक बनानी होगी।

सफलता का आधारभूत स्तम्भ स्वयं की शक्तियों पर अटूट विश्वास है। इसलिए आत्मविश्वास की क्षमताओं को पहचानना बहुत जरूरी है। कुछ लोगों को अपनी शक्तियों पर पूर्ण विश्वास होता है, मगर जब उन शक्तियों के प्रयोग करने का अवसर आता है, तो उनका विश्वास डगमगा जाता है। इसे आत्मविश्वास की कमी ही मानेंगे।

आप मानसिक तनाव में हैं, आप भयभीत हैं, या आपके मन में व्यर्थ के संशय घूम रहे हैं, ये सब आपके आत्मविश्वास के लिए घातक हैं। यदि आपके मन में नकारात्मक विचार अपनी शाखाएं फैलाए हुए हैं, तो आपका आत्मविश्वास कम हो जाएगा। आपकी संगति भी आपके आत्मविश्वास को प्रभावित करती है। आपसे मिलने-जुलने वाले लोगों की मानसिकता का प्रभाव भी आप पर पड़ता है। हैमिल्टन लिखते हैं, "मानसिक विकार मनुष्य की उन्नति के मार्ग में सबसे बड़ी बाधा माने गए हैं।" संभवतः आपको रोजमर्रा बहुत से लोगों से मिलना पड़ता हो, उनके विचार सुनने पड़ते हों और कई बार उनके विचार झेलने भी पड़ते हों। अवांछित लोगों से पीछा छुड़ाना आपके बस में हो या न हो, इतना तो आपके हाथ में है कि आप उनके किन विचारों को अपने पर हावी होने देते हैं। जो बातें आपके मन को कमजोर बनाती हों, उन्हें एक कान से सुनिए और दूसरे कान से निकाल दीजिए। जिस कार्य को करने से तनाव पैदा होता है, उस कार्य को छोड़ दें। भय, जो आपके मन के किसी कोने में दुबका बैठा है, उसे बाहर निकालना बेहद जरूरी है। निर्भीक बनिए। शेक्सपियर कहते हैं, "निर्भीक व्यक्ति ही ख्याति के शिखरों को पलों में छू लेते हैं।"

अपने विचारों को दृढ़ बनाइए। विश्वास कीजिए अपनी शक्तियों पर। अपनी योग्यताओं का सम्मान कीजिए। अपने निराशापूर्ण विचारों के आवरण को अपने मस्तिष्क से उतार फेंकिए, क्योंकि आपकी सफलता का आधार आपके विचार ही हैं। कार्लाइल का कथन है, "आप अपने विचारों द्वारा ही अपने पर विजय प्राप्त करते हैं। यदि आप भलीभांति समझ लें कि व्यक्तियों अथवा संगठनों के भाग्य निर्माण में विचार ही एकमात्र कारण होते हैं, तो आपको हाथ में तलवार लेने की जरूरत नहीं पड़ेगी। जैसे आपके विचार होंगे, निश्चित रूप से परिणाम भी उन्हीं के अनुरूप होंगे।"

17

आत्मविश्वास में बाधक आलोचनाएं

आलोचना के संदर्भ में दो तथ्य सामने आते हैं। पहला यह कि हमें ओलाचना सहन करनी पड़ सकती है और दूसरा यह कि हम स्वयं भी आलोचक बन बैठते हैं। जहां तक आलोचना का सामना करने का प्रश्न है, तो यह स्मरण रखना चाहिए कि हमें सिर्फ आगे बढ़ना है। आलोचनाएं तो मार्ग की बाधाएं हैं। अगर उनसे सीख मिल सकती है, तो ले लें अन्यथा उन्हें अपने हृदय में स्थान देने से कोई लाभ नहीं। किसी व्यक्ति के द्वारा की जाने वाली आलोचना का उद्देश्य समझिए। कहीं ऐसा न हो कि वह आपका आत्मविश्वास गिराने के लिए आलोचना कर रहा हो और वह उसमें सफल हो जाए।

आलोचना सुनने की आदत भी बनाइए। सदैव प्रशंसा सुनकर अपने मन को कमजोर मत कीजिए। आपकी हर जगह प्रशंसा होती रही है, आपने आलोचना का स्वाद चखा ही नहीं है, तो छोटी-सी आलोचना भी आपका मनोबल गिरा देगी। इसलिए जहां कहीं गलत आलोचना होती है, तो वह आलोचनाओं को नजरअंदाज करना और अपने विश्वास और संकल्प से विचलित न होना सिखा देगी। आलोचना आपको सहनशील बनाती है।

सहनशक्ति बढ़ने के साथ संकल्पशक्ति बढ़ेगी। संकल्पशक्ति बढ़ने के साथ दुःख कम होगा। वही लोग, जो आपका विरोध कर रहे थे, आपके सहयोग के लिए तैयार हो जाएंगे। *जैसे पर्वत हवा के झोंकों से कंपित नहीं होता, उसी तरह आत्मविश्वासी लोग निन्दा और स्तुति से विचलित नहीं होते।* खलील जिब्रान लिखते हैं, ''ऐसे आदमी पर कभी विश्वास न करो, जो प्रशंसा के पुल बांध दे।''

आत्मविश्वासी व्यक्ति की पहचान दूर से ही हो जाती है। जिस व्यक्ति को दूसरों की प्रशंसा सुनकर ईर्ष्या होती है, जो अपनी प्रशंसा करने और दूसरों की निन्दा करने से थकता नहीं, जो अपने आलोचक को अपना शत्रु माने, वह कभी आत्मविश्वासी नहीं हो सकता। आलोचना से डरें नहीं, क्योंकि जो आलोचना से घबराता है, वह किसी भी कार्य में पहल नहीं कर पाता। उसका आत्मविश्वास जाता रहता है। उसमें नेतृत्व करने की शक्ति समाप्त हो जाती है।

कभी भी किसी को अपनी आलोचना से चोट पहुंचाने का प्रयास न करें। क्योंकि जो दूसरों को चोट पहुंचाने के इरादे से आलोचना करता है, वह अपना ही अस्तित्व खो बैठता है। लोहार लोहा पीटते समय नीचे पतली निहाई रखता है और ऊपर से हथौड़े का वार करता है। लोहार को जीवन भर एक भी निहाई नहीं बदलनी पड़ती, वह उसका अन्त तक साथ देती है, क्योंकि वह सहनशील है, किंतु हथौड़े अनगिनत बदलने पड़ते हैं, क्योंकि वे चोट करते हैं और टूट जाते हैं। सहनशील व्यक्ति का व्यक्तित्व कभी खंडित नहीं होता।

अपने अंदर झांक कर देखें। कहीं ऐसा तो नहीं कि हम अपना अधिकांश समय निंदा में ही लगा रहे हैं। आलोचना में रस उसी को मिलता है, जिसे अपनी शक्तियों पर विश्वास नहीं होता। दूसरे में दोष ढूंढ़ने से बेहतर है कि अपने दोष ढूंढ़े जाएं। एक विचारक ने कहा है कि अपना दोष कभी देखो, तो कभी क्षमा नहीं करना, लेकिन दूसरों का दोष देखो, तो क्षमा कर देना। यही सफलता की सीढ़ियां चढ़ने का प्रथम मार्ग है। परंतु हम करते हैं ठीक इसका विपरीत। जहां हमें अपनी कमियां नजर आती हैं, तो हम सिर झटक कर उन्हें नजरअंदाज कर देते हैं, किंतु दूसरों की कमियों को बढ़ा-चढ़ा कर व्यक्त करते हैं।

विश्वप्रसिद्ध मनोवैज्ञानिक केलि का विचार है कि हर व्यक्ति सफलता के लिए स्वयं को सराहता है और असफलता में औरों को या हालात को दोषी ठहराता है। पर जब दूसरों की बात आती है, तो सफलता का श्रेय भाग्य को देता है और असफलता का दोष उसके व्यक्तित्व या त्रुटियों को, परंतु एक परिपक्व व्यक्ति ऐसा न करके वैयक्तिक विभिन्नता और हालात को ध्यान में रखते हुए विवेकपूर्ण फैसला देता है।

मुझे उस उर्दू के शायर की दो पंक्तियां बहुत अच्छी लगती हैं, जिसने कहा है कि जब तुम उंगली उठाते हो, तो तर्जनी को दूसरे के सामने करते हो, अंगूठा तटस्थ हो जाता है, मगर शेष तीन उंगलियां पहले ही तुम्हारी ओर झुक जाती हैं।

तू जो औरों की तरफ करता है अंगुश्तनुमाई,
देख तीन झुकी हैं तेरी तरफ़।

ये तीन उंगलियां जो अपनी ही ओर झुकी हैं, संकेत करती हैं कि दूसरे की आलोचना से पहले अपने कर्मों, वाणी और मन की समीक्षा करो। दूसरे की निंदा में रुचि लोगे तो आपकी अपनी क्षमताएं कम हो जाएंगी, आपकी अपनी योग्यताएं दब जाएंगी। रस्किन बांड भी कहते हैं कि जिस प्रकार आप अपने दोषों की चिंता नहीं करते, उसी प्रकार दूसरों के दोषों की चिंता करना भी छोड़ दें।

कई लोग तो किसी व्यक्ति विशेष की आलोचना करना प्रारम्भ कर देते हैं, जैसे ''बड़ा खराब जमाना आ गया है...'' ''अब तो कलियुग आ गया है...'' ''भ्रष्टाचार इतना है कि कोई व्यक्ति ईमानदार रह ही नहीं सकता। पता नहीं समाज किस तरफ जा रहा है।'' ऐसे ही मिलते-जुलते वाक्यों का लगातार प्रयोग करने वाले व्यक्ति में मूलतः आत्मविश्वास की ही कमी होती है। उन्हें स्वयं पर विश्वास नहीं होता। अपने ही अविश्वास को छिपाने के लिए लोग समाज को ही बुरा भला कहना शुरू कर देते हैं, लेकिन इससे वे सिर्फ स्वयं को धोखा देते हैं। इसी संदर्भ में बेली का कथन याद रखने योग्य है। बेली कहते हैं, ''समस्त धोखों में पहला और बुरा धोखा अपने आपको धोखा देना है।'' भले ही यह समाज सारे समाज के लिए बुरा हो, मगर यदि आप भले हैं, तो आपके साथ दुनिया भी अच्छी हो जाएगी।

आपने यह उक्ति सुनी ही होगी, ''निंदक नियरे राखिए आंगन कुटी छवाय'' यानी निंदक व्यक्ति को कुटिया बनवाकर अपने आंगन में रखिए। वह आपकी बुराइयों और अवगुणों से आपको अवगत कराता रहेगा और आपके धैर्य की परीक्षा भी लेता रहेगा। सच्चा आलोचक तो दर्पण की भांति कार्य करता है। सन्त विनोबा भावे दूसरों को अपनी आलोचना करने के लिए उत्साहित करते थे। वह कहते हैं, ''कोई भी मनुष्य अपने में पूर्ण नहीं है। हमें अपने विरोधियों की निष्पक्ष आलोचना को शांतिपूर्वक सुनकर उसकी उपयोगी बातों को अपनाना चाहिए। इससे आत्मसुधार होता है, सत्य को सहने और समझने की शक्ति बढ़ती है।'' दूसरों की आलोचना में कोई सही बात है, तो उसे तुरंत अपनाकर अपनी गलती सुधार लें।

यह थी आलोचना से लाभ उठाने की बात, मगर कई बार कुछ व्यक्ति दूसरों के आत्मविश्वास को गिराने के लिए भी आलोचना करते हैं। ऐसे आलोचकों की आलोचना को निःसंकोच नजरअंदाज कर देना चाहिए। यह दुर्भाग्य की बात है, किंतु है सत्य कि आज का मनुष्य अपने दुःख से उतना दुःखी नहीं होता, जितना कि दूसरे के सुख और उन्नति से दुःखी होता है। आज समाज का वातावरण ऐसा बना हुआ है कि ज्यादातर सफल व्यक्तियों को ईर्ष्या की वजह से उत्पन्न आलोचना का सामना करना पड़ता है।

जब रवीन्द्रनाथ टैगोर की कविताएं लोकप्रिय हुईं, तो उनके कई परिचितों ने ईर्ष्यावश उनका उपहास उड़ाया। यहां तक कि कलकत्ता विश्वविद्यालय की मैट्रिक की परीक्षा के एक प्रश्न में छात्रों को टैगोर की रचना का एक अनुच्छेद देकर उसे दोबारा शुद्ध बंगला में लिखने के लिए कहा गया। एक प्रतिष्ठित कवि की रचना का इससे बड़ा अपमान और क्या हो सकता था। अगर रवीन्द्रनाथ टैगोर उस आलोचना से अपना आत्मविश्वास खो देते, तो आज उन्हें नोबल पुरस्कार विजेता के रूप में याद न किया जाता।

कुछ लोग अपने स्वभाववश दूसरों को दुखी करने के लिए जानबूझकर आलोचना करते हैं। ऐसे लोगों की आलोचना पर तनिक भी ध्यान देने की आवश्यकता नहीं। प्रत्येक व्यक्ति को अपने आसपास ऐसे लोग मिल ही जाया करते हैं, जो व्यर्थ में उनके कार्यों की मीन-मेख निकालते रहते हैं। ऐसे लोगों की बातों का न तो बुरा मानने की जरूरत है और न ही उन्हें कुछ कहने की आवश्यकता है। ऐसे लोग केवल उपेक्षा के योग्य होते हैं। इन लोगों की बातों से अगर आपका आत्मविश्वास कम हो जाता है, तो यह भी आपकी अपनी कमजोरी है। *आत्मविश्वास सबसे बड़ी शक्ति और सबसे बढ़िया साधन है।* लोगों की टिप्पणियों से विचलित न होइए। लोगों को आप बदल नहीं सकते, लेकिन अपनी मानसिकता को तो बदल ही सकते हैं।

आलोचक का कार्य ही आलोचना करना है। सोचिए, किसी ने आपके कार्य की आलोचना कर दी और आप बिना कुछ सोचे-विचारे अपने कार्य का मूल्यांकन किए बिना अपने लक्ष्य से डगमगा गए, तो मंजिल तक कैसे पहुंचेंगे ?

आलोचना का सामना करना सीखें। गौर करें कि जो व्यक्ति आलोचना कर रहा है, उसका उद्देश्य क्या है ? कहीं वह आपका मनोबल गिराने के लिए तो आलोचना नहीं कर रहा। विवेकानन्द भी कहते हैं, ''मन की दुर्बलता से अधिक भयंकर कोई पाप नहीं।'' यदि आपको स्वयं में कोई कमी नजर आए, तो उसे दूर कर लीजिए, किंतु आलोचना की गठरी को भारी न होने दें। स्वयं में सुधार लाते जाएं और आलोचनाओं को भूलते जाएं। गलतियों के लिए सुधार करें, किन्तु बहुत देर तक पछतावा करना ठीक नहीं। इस संदर्भ में विचारक गेटे के कथन को ध्यान में रखें, ''जो प्रयत्न करता है, उससे भूलें भी होती हैं।''

> *महात्मा गांधी के नाम हजारों पत्र आते थे। वह प्रत्येक पत्र का उत्तर देते थे। एक बार एक अंग्रेज ने उन्हें गालियों और धमकी से भरा पत्र लिखा। गांधी जी ने पत्र पढ़कर उसमें लगी आलपिन को निकाल लिया और पत्र को कूड़ेदान में फेंक दिया। उनके सेक्रेटरी ने पूछा, ''आपने आलपिन क्यों निकाल लिया ?'' गांधी जी आलपिन को संभालते हुए बोले, ''उसमें जो उपयोगी चीज थी, मैंने निकाल ली। इस पत्र का उत्तर देना व्यर्थ है।''*

व्यर्थ की आलोचनाओं की उपेक्षा कर देने में ही भलाई है। संसार में जितने भी महापुरुष हुए हैं, उन्हें कभी-न-कभी दूसरों की आलोचना का शिकार होना पड़ा है। ईसा मसीह और महात्मा बुद्ध जैसे व्यक्तियों को भी लोग व्यंग्य बाण से छेदने से पीछे नहीं हटे।

एक बार महात्मा बुद्ध को किसी व्यक्ति ने बहुत गालियां दीं। इस पर बुद्ध ने उससे मुस्कराकर कहा, "मान लो, मैं किसी व्यक्ति को कोई उपहार देना चाहता हूं, मगर वह उस उपहार को स्वीकार नहीं करता, तो उपहार किसके पास रहा ?" उस व्यक्ति ने उत्तर दिया, "उसी के पास, जो उसे लाया था।" "मान लो, अगर मैं तुम्हारी गालियों का उपहार स्वीकार न करूं तो ?" इससे आगे बुद्ध को कुछ कहने की जरूरत नहीं पड़ी। वह व्यक्ति बुद्ध का आशय समझ गया।

यह सत्य है कि आलोचनात्मक टिप्पणियां आत्मविश्वास के विकास में बहुत बड़ी बाधक होती हैं, परंतु ऐसा भी देखने में आया है कि कटु आलोचना ने किसी के जीवन की धारा ही बदल दी। एक साधारण बुद्धि के बालक को कक्षा में जब उसके अध्यापक ने उसकी उपेक्षा करते हुए उसे अगली पंक्ति से उठाकर पिछली पंक्ति में बैठा दिया, तो उस बालक ने इतना परिश्रम किया कि आगामी परीक्षा में उसने प्रथम स्थान प्राप्त किया।

आज लोग जिस कालिदास को महाकवि के रूप में जानते हैं, वह एक समय में महामूर्ख थे। किंवदंती है कि कालिदास एक सुंदर चरवाहा थे। धोखेवश उनका विवाह एक विदुषी से करवा दिया गया। विवाह से पूर्व वह कालिदास को विद्वान समझती थी, किंतु विवाहोपरांत जब उसे कालिदास की वास्तविकता का बोध हुआ, तो उसने कालिदास की जम कर आलोचना की। पत्नी के कटु शब्द कालिदास को चुभ गए और उन्होंने परिश्रम कर विद्वता हासिल कर ली।

पहलवान राममूर्ति, जो अपनी छाती पर हाथी जितने भार को भी गुजरवा लेते थे, बचपन में दुबले-पतले थे। उनके मित्र उनका मजाक उड़ाया करते थे। मित्रों का मजाक उन्हें चुभने लगा और उन्होंने निश्चय किया कि वह पहलवान बनकर दिखाएंगे और वे सफल भी हुए।

आलोचना के संदर्भ में इस तथ्य से कोई इनकार नहीं कर सकता कि जिसकी आलोचना की जा रही है, उस पर आलोचना का प्रभाव पड़े या न पड़े, किंतु आलोचक पर उसका प्रभाव अवश्य पड़ता है। अकसर पाया गया है कि व्यर्थ की आलोचना करने वाला व्यक्ति कुंठित होता है। उसमें आत्मविश्वास का अभाव होता है।

स्वेट मार्डेन भी मानते हैं कि जो व्यक्ति हर समय दूसरों में दोष ही निकालता रहता है, दूसरों की निंदा करता रहता है, उनकी शिकायतें करता रहता है, उसका अपना आत्मविश्वास समाप्त हो जाता है, उसमें हीन भावना पैदा होने लगती है।

प्रति दिन आत्मावलोकन कीजिए। अपने दोषों को ढूंढ़ने का प्रयास कीजिए। अपनी कमियों को नजरअंदाज करना छोड़िए। याद रखें, एक अच्छा गुण विकसित करना एक दुर्गुण को छोड़ने से कहीं आसान है, इसलिए गुणों का विकास करना आपके व्यवहार में होना ही चाहिए, लेकिन साथ ही दुर्गुणों को कम करने का लगातार प्रयास भी करना चाहिए। आपके छोटे-छोटे अवगुण ही आपके व्यक्तित्व में धब्बा बन जाते हैं। आपको तो सफलता की ऊंचाइयों को छूना है। सफल होने के लिए दूसरों की आलोचना की नहीं, बल्कि दूसरों की कमियों से स्वयं शिक्षा लेने की जरूरत है।

सुकरात से किसी ने पूछा कि आपके गुरु कौन हैं, तो सुकरात ने मुस्कराते हुए कहा कि दुनिया भर के मूर्ख मेरे गुरु हैं। प्रश्नकर्ता सुकरात की तरफ आश्चर्य से देखने लगा, तो सुकरात बोले कि मैं यह देखने का प्रयास करता हूं कि किसी व्यक्ति को मूर्ख कहा जा रहा है, तो इसके अंदर कोई दोष होगा। उस दोष को देखने के बाद मैं आत्मावलोकन करता हूं कि कहीं यही दोष मेरे अंदर तो नहीं है। इस तरह दुनिया के मूर्ख ही तो मेरे शिक्षक हुए।

ऊंचा उठना है, तो अपने अवगुणों की उपेक्षा न कीजिए। एक अवगुण भी आपको हानि पहुंचा सकता है। नाव में एक छेद हो जाए, तो नाव में पानी भरने का रास्ता बन जाता है और नाव डूब जाती है। आपका एक दुर्गुण अकेला नहीं आएगा, साथ ही वह अन्य दुर्गुणों के लिए रास्ता बना देगा, इसलिए सावधान रहिए।

तनाव को दूर भगाएं

जब हम तनाव में होते हैं, तो हमारा मस्तिष्क सुचारू रूप से कार्य नहीं कर पाता। हमारा विवेक कुंठित हो जाता है। हम जो करना चाहते हैं, उस पर एकाग्रता से सोच नहीं पाते। अपनी योग्यताओं का ठीक से प्रस्तुतीकरण नहीं कर पाते। मानसिक तनाव से एक ओर जहां मन रोगी हो जाता है, दूसरी ओर शरीर भी शिथिल होने लगता है। अगर यह कहें कि मानसिक तनाव से पूरी कार्यप्रणाली प्रभावित होती है, तो अनुचित न होगा।

मानसिक तनाव का कारण कुछ भी हो सकता है, लेकिन याद रखिए तनाव से मुक्ति पाना बेहद जरूरी है। यह तनाव आपके आत्मविश्वास को कमजोर कर सकता है। कुछ व्यक्तियों को तो तनाव में रहने की आदत ही हो जाती है। छोटी-छोटी बात पर उत्तेजित हो जाना उनकी दिनचर्या का अंग बन जाता है।

आप बस में सफर कर रहे हैं। बस में भीड़ है। आप तनावग्रस्त हो जाएंगे। आपको साक्षात्कार के लिए जाना है। रास्ते में आपके स्कूटर का टायर पंचर हो गया, आप घबरा गए। आपसे मिलने के लिए किसी ने समय लिया था, लेकिन वह व्यक्ति ठीक समय पर नहीं पहुंचा, आप तिलमिला उठे। ये सब तनाव के छोटे-छोटे रूप हैं। अगर इस तरह की छोटी-छोटी नजरअंदाज की जाने वाली घटनाएं भी आपको तनावग्रस्त कर देती हैं, तो तनाव में रहने की आदत आपके आत्मविश्वास का भी क्षय करेगी।

याद कीजिए जब आप तनाव में होते हैं, तो कैसा महसूस होता है। पहले आपका दिल घबराता है, फिर इसका प्रभाव आपके शरीर पर भी पड़ने लगता है। संभव है, अधिक तनाव में आपको दस्त आने शुरू हो जाएं, उलटी आने लगे या कोई और शारीरिक रोग लक्षण स्वरूप दिखाई देने लगे। तब आप डॉक्टर के पास जाते हैं। ऐलोपैथिक, होम्योपैथिक डॉक्टरों के चक्कर काटते हैं। आपकी बीमारी सुनकर वे दवाइयां देते हैं। आप जानते हैं कि आपकी बीमारी का इलाज ये दवाइयां नहीं हैं, फिर भी आप उनका सेवन करते हैं। जरा सोचिए, आप यह किस अपराध की

सजा भोग रहे हैं ? यह जीवन यूं ही काट लेने के लिए नहीं है, क्योंकि जब आप तनाव में होते हैं, तब आप आनंद में नहीं होते, बल्कि समय काट रहे होते हैं। समय को काटिए नहीं, बल्कि समय का आनंद उठाइए।

तनाव से मुक्ति पाने के लिए अपने तनाव का कारण खोजिए। यह कोई मुश्किल काम नहीं है। आप जानते हैं कि कौन-सी बात आपको तनावग्रस्त कर रही है। तनाव दूर करने के लिए उसको किसी से कह दीजिए, लेकिन ध्यान रखें आप जिससे बात करने जा रहे हैं, वह आपका विश्वासपात्र होना चाहिए। तनाव में मानसिक संतुलन बिगड़ने लगता है। तनावग्रस्त व्यक्ति खुद तो तनाव पीड़ित रहता ही है, जो उससे बात करता है, उसे भी प्रसन्नता नहीं होती। इस तनाव से मुक्ति पाइए।

> मेरे पड़ोसी को भी छोटी-छोटी बातों पर तनाव हो जाता था। उन्हें ज्ञात था कि तनाव में रहना बहुत हानिकारक है। कई बार तो वह उन बातों के लिए भी चिंताग्रस्त दिखाई देते, जिनके विषय में वह जानते थे कि चिंता करना व्यर्थ है। वह एक प्रतिष्ठित मनोवैज्ञानिक से मिले। उन्होंने बताया कि ''शुरू-शुरू में जब मैं तनावग्रस्त रहता था, तो भूख नहीं लगती थी, डर लगता था, अपनी शक्तियों पर विश्वास नहीं रहता था, मगर अब स्थिति यह है कि ज्यादा तनाव में दोनों जबड़े एक-दूसरे से सट जाते हैं और उन्हें हटाने के लिए मुझे बहुत प्रयास करना पड़ता है।'' उस मनोवैज्ञानिक ने उन्हें तनाव दूर करने के कुछ उपाय बताए, क्योंकि उनकी बीमारी बढ़ गई थी, इसलिए उन्हें कुछ दवाइयां भी दी गईं।

हमारी तनावग्रस्त रहने की बीमारी न बढ़े, इसके लिए जरूरी है कि हम उन उपायों को मद्देनजर रखें, जो तनाव को कम करते हैं।

तनाव कैसे दूर करें ?

- तनाव की स्थिति से बचने के लिए ध्यान प्रक्रिया अपनाएं। अपने मन को शून्य में ले जाएं और एक बिंदु पर ध्यान टिकाएं।

- योगनिद्रा भी तनाव दूर करने का सफल उपचार है। योगनिद्रा में हम अपने मन को शरीर के विभिन्न अंगों में भ्रमण करवाते हैं। आंखें बंद करके अपनी चेतना को शरीर के विभिन्न भागों में केंद्रित करके अपने शरीर और मन को सुझाव देकर मन को विश्राम दे सकते हैं।

- अधिक तनाव में पानी पीने से भी तनाव कम होता है।

- तनाव में लंबी सांस लें। सांस पर ध्यान टिकाएं। सांस अंदर आ रही है, सांस बाहर जा रही है। सांस की गति पर ध्यान दें। कल्पना करें, शांति सांस के माध्यम से भीतर आ रही है और छोड़े गए सांस द्वारा अशांति बाहर जा रही है।

- जब शरीर बहुत अधिक थक जाता है, तो मन को भी थकान हो जाती है। ऐसे में स्नान करने से लाभ होता है।

- उन्मुक्त हंसी तनाव को दूर करने में सहायक होती है। अकेले में जोर-जोर से हंसें, शरमाएं नहीं। आजकल तो बड़े-बड़े शहरों में लाफर क्लब (हास्य क्लब) भी बन रहे हैं।

- नृत्य और संगीत भी तनाव को कम करता है। अपने स्वभाव के अनुसार जैसा संगीत पसंद हो, वैसे संगीत का श्रवण कीजिए। आजकल 'संगीत चिकित्सा' (म्यूज़िकल थैरेपी) एक वैकल्पिक चिकित्सा प्रणाली के रूप में विकसित हो चुकी है।

- प्रकृति के सुंदर दृश्यों में खो जाइए। तनाव कम होगा।

- अपने मन को रचनात्मक कार्यों में लगाएं।

उक्त उपायों के साथ-साथ इस बात पर भी विश्वास रखें कि ये उपाय आपके तनाव को अवश्य कम करेंगे। तनाव से मानसिक शक्तियां ही नहीं, बल्कि शारीरिक शक्तियां भी कमजोर होती हैं। अभी तो आपको बहुत कुछ करना, बहुत कुछ पाना है। *जीवन का लक्ष्य आपके सामने है। उसकी प्राप्ति आपके अपने आत्मविश्वास से करनी है। तनाव तो बाधा है। इस बाधा को दूर करना कठिन नहीं है। बहुत आसान है, बस एक कदम उठाना है, तो क्यों न यह कदम अभी उठा लें।*

हीन भावना

अपनी योग्यताओं पर विश्वास न होना, अपनी क्षमताओं को कम आंकना या स्वयं के विषय में गलत धारणाएं बना लेने का नाम ही हीन भावना है। ये सोचकर कुंठित होना कि आपके विषय में लोगों की गलत धारणाएं हैं, आपका आत्मविश्वास क्षीण हो सकता है। अगर आप गरीब हैं और अपनी गरीबी को लेकर हीन भावना से ग्रस्त हैं, तो भी इससे मुक्ति पाना बहुत जरूरी है। कुछ लोगों को अपनी बदसूरती का भ्रम हो जाता है। उन्हें यह लगता है कि वे खूबसूरत नहीं हैं, इसलिए वे जीवन में आगे नहीं बढ़ सकते। मगर याद रखिए, हर सफल व्यक्ति खूबसूरत नहीं होता, बल्कि उसकी सफलता उसे सुंदर बना देती है। सभी सफल व्यक्ति सुंदर नहीं होते। ऐसी हीन भावना को अपने मन से निकाल दें। जेम्स ऐलन कहते हैं कि, कुरूप मन से कुरूप चेहरा अच्छा। अपने विचारों को सुंदर बनाने का प्रयत्न करें। आपकी सफलता आपके सौंदर्य में चार चांद लगा देगी। आपके विचार आपके सौंदर्य में निखार ला देंगे। जब आपके विश्वास की आभा आपके चेहरे पर झलकने लगेगी, तो आपके चेहरे की चमक हजारों सुंदर चेहरों में भी आकर्षित करने वाली हो जाएगी।

अगर आपको लगता है कि लोग आपके विषय में गलत धारणाएं रखते हैं, तो इसका कारण खोजें। संभवतः आप में कोई अवगुण हो। अगर आप में कोई कमी है, तो उसे दूर करने का प्रयास करें। अगर आपको आत्मविश्लेषण के बाद भी अपने में कोई कमी नजर नहीं आती, तो पूरे आत्मविश्वास से अपने कार्य में लगे रहें। आप अपने क्षेत्र में सफल हो जाएंगे, तो यही लोग आपकी प्रशंसा करेंगे। विचलित मत होइए। अपने पर विश्वास रखिए।

अगर आप गरीबी को लेकर कुंठित हैं, तो आपकी कुंठा निराधार है। आप गरीब हैं, आपके पास धन नहीं है, तो यह कोई ऐसा कारण नहीं कि आप इतने से अपनी आत्मविश्वास की शक्ति को दुर्बल कर लें। हमारे दूसरे प्रधानमंत्री लालबहादुर शास्त्री गरीब थे, लेकिन उन्होंने अपने आत्मविश्वास से सफलता की बुलंदियों को प्राप्त किया। अब्राहम लिंकन भी गरीब परिवार से ही थे। अपनी वर्तमान गरीबी

को स्वीकार कीजिए। यह स्वीकारोक्ति ही आपके उज्ज्वल भविष्य के लिए आपको प्रेरित करेगी।

जहां तक सुंदर-असुंदर के विषय में हीन भावना आने का प्रश्न है, उसका समाधान भी बड़ा सरल है। बाह्य सौंदर्य की बजाए भीतरी सौंदर्य पर ध्यान दें। जिसके विचार सुंदर हों, वही सुंदर कहलाएगा। माइकल एंजेलो कुरूप थे, लेकिन वह सुंदर तस्वीरें बनाने के लिए प्रसिद्ध हुए। लायड जॉर्ज अगर अपने छोटे कद के कारण हीन भावना से ग्रसित हो जाते, तो ग्रेट ब्रिटेन के प्रधानमंत्री पद तक कभी न पहुंच पाते। सुकरात बदसूरत थे, मगर अपने महान् विचारों के कारण आज भी याद किए जाते हैं। सुकरात अपनी बदसूरती को स्वीकार करते हुए ईश्वर से प्रार्थना करते हैं, ''ए खुदा, मेरी दुआ है कि मैं अंदर से खूबसूरत बनूं।'' प्रसिद्ध कवि बायरन लंगड़े थे, मगर वह कभी हीन भावना का शिकार नहीं हुए। अंग्रेजी कवि पोप अपंग थे। मध्यकालीन भारत के महान् कवि मलिक मोहम्मद जायसी एक आंख से काने और बदसूरत थे।

सोचिए, ये सब महान् व्यक्ति अपनी छोटी-छोटी शारीरिक कमियों को लेकर ही पीड़ित रहते, तो क्या आज हम इन्हें उनकी उपलब्धियों के लिए याद करते। नहीं, कभी नहीं।

सुंदर वह है, जो सुंदर कार्य करे। आप अपने आत्मविश्वास से स्वयं को खूबसूरत बना सकते हैं।

मेरी जान-पहचान के एक डॉक्टर हैं–डॉक्टर शर्मा। बेहद कुरूप हैं। रंग तवे जैसा। मुंह पर चेचक के निशान, परंतु अपने कार्य में इतने दक्ष कि दूर-दूर से रोगी उनसे अपना इलाज करवाने आते हैं। बात करने में इतने विनम्र कि रोगी का आधा रोग उनसे बातचीत करके ही दूर हो जाता है। ये डॉक्टर पंजाब में रहते हैं। उन दिनों मैं भी पंजाब में थी। रात को एमरजेंसी केस में मुझे किसी के लिए उनके घर जाना पड़ा। घर में जब उनकी पत्नी से मुलाकात हुई, तो मैं हैरान रह गई। गोरा चिट्टा रंग, तराशे हुए नैन-नक्श। मुझे आश्चर्य हुआ कि इतने कुरूप व्यक्ति की इतनी सुंदर बीवी। उस दिन तो खास बात न हुई। कुछ दिनों बाद मैं फिर उनके घर गई। उनकी पत्नी से मिली। पता चला वह भी डॉक्टर हैं और पास के गांव में अपना क्लीनिक चलाती हैं। मैंने पूछ ही लिया कि आपने डॉक्टर साहब को पसंद कैसे कर लिया। वह मुस्कराकर बोलीं, ''हमारी लव मैरिज हुई है।'' दरअसल वह डॉक्टर साहब की सूरत से नहीं सीरत से प्रभावित हुई थीं। उन्होंने बताया कि शुरू में जब उनके परिवार वालों ने डॉक्टर साहब को देखा,

तो उनकी कुरूपता देखकर सभी इस विवाह के विरोधी थे, लेकिन जब उन्होंने डॉक्टर साहब से बात की, तो सभी मेरी पसंद की प्रशंसा करने लगे। आज भी जब कोई डॉक्टर साहब से बात करता है, तो बहुत प्रभावित होता है। मिसेज शर्मा ने हमारे बीच हुई बात अपने पति से की होगी। कुछ दिन बाद उनसे मुलाकात हुई, तो वह बोले, ''मैं अपनी इस कुरूपता का बहुत एहसानमंद हूं। मेरे मन में बार-बार यही विचार आता है कि मैं बाहर से सुंदर तो नहीं बन सकता, लेकिन अंदर से सुंदर बनने का प्रयास तो कर ही सकता हूं। अगर मैं खूबसूरत होता, तो शायद डॉक्टर बन ही न पाता। गांव में हमारी बहुत जमीन-जायदाद है। रुपए-पैसे की कोई कमी नहीं, लेकिन बचपन से ही मेरे जीवन का एक ही उद्देश्य था कि कुछ ऐसी सफलता प्राप्त करनी है, जिसकी चमक में मेरी कुरूपता दब जाए। आज मैं जो कुछ भी हूं, अपनी इस कुरूपता की बदौलत हूं।''

कई बार तो हीन भावना मन के वहम के कारण भी पैदा हो जाती है। वास्तव में सब कुछ ठीक-ठाक होता है, किंतु मन की कल्पना कहती है कि कहीं कुछ गड़बड़ जरूर है। वहमी लोग अपनी छोटी-छोटी कमजोरियों का निरंतर चिंतन करके उन्हें विराट रूप दे डालते हैं और उनके व्यक्तित्व में हीनता के भाव नजर आने लगते हैं। उन्हें वहम ही नहीं विश्वास हो जाता है कि उनके अंदर अमुक कमजोरी है और वे अपना आत्मविश्वास खो बैठते हैं। मान लेते हैं कि आपके अंदर सचमुच कोई कमजोरी है, तो उसे झटपट दूर करने का प्रयत्न कीजिए। केवल सोचने से तो काम नहीं चलेगा। ऐसे-ऐसे लोग देखने को मिलते हैं कि अगर आप उनकी कमी के विषय में कोई सुझाव देना चाहें या बात करना चाहें, तो वे आपकी बात सुनने तक को तैयार नहीं होते। कारण मात्र इतना है कि उनके अंदर डर बैठा हुआ है। उनका अपना डर ही उनके आत्मविश्वास में बाधक बन जाता है।

कुछ लोग नए लोगों से बात करने में झिझकते रहते हैं। जहां चार व्यक्तियों से सामना करने का अवसर आया, उन्हें पसीना आने लगता है। मंच पर लोगों को संबोधित करने की बात तो बहुत दूर की है। इन सबके पीछे मूल कारण हीन भावना से आत्मविश्वास में कमी आना ही होता है। इस हीनता से छुटकारा पाने के लिए अपने मन को उन्नत विचारों की खुराक देते रहिए।

छोटे बच्चे को जो वस्त्र पसंद नहीं आता, वह उसे नहीं पहनता। आप पहनाने की कोशिश करते हैं, तो वह चीखता-चिल्लाता है और हाथ-पांव मार कर वस्त्र उतार फेंकता है। हीन भावना भी एक ऐसा ही आवरण है, जो किसी को पसंद नहीं हो

सकता। अगर आपको यह आवरण पसंद ही नहीं है, तो इसे क्यों ओढ़े फिर रहे हैं ? इसे उतार फेंकिए। कोई व्यक्ति किसी भी प्रकार की हीन भावना से क्यों न ग्रसित हो, अगर वह अपने अंदर बोलने की कला का गुण विकसित कर ले, तो उसकी सारी हीनता दूर हो सकती है। जिस व्यक्ति ने वाणी का कलात्मक एवं प्रभावशाली प्रयोग करने के तरीके का विकास कर लिया, उसके अंदर हीनता की जितनी भी ग्रंथियां होंगी स्वतः खुलनी शुरू हो जाएंगी। आपका बातचीत करने का ढंग ऐसा होना चाहिए, जो दूसरे को विवश करे कि वह आपकी बात ध्यान से सुने।

मिस्र के इतिहास के आरंभिक दिनों में वकील अपनी वकालत केवल लिखकर ही न्यायाधीश के सम्मुख प्रस्तुत कर सकते थे। यह नियम इसलिए बनाया गया था कि कहीं न्यायाधीश वकील की वाणी से प्रभावित होकर गलत न्याय न कर बैठे। आपकी वाणी में श्रोताओं को बांध लेने की शक्ति होनी चाहिए। वाणी भी एक अलंकार है, आभूषण है।

> एक कवयित्री हैं, नाम लेना ठीक नहीं रहेगा। वह जब भी मंच पर आती हैं, लोग उनका भरपूर स्वागत करते हैं, लेकिन यह भी सत्य है कि वह जो कविता के नाम पर सुनाती हैं, किसी भी दृष्टि में कविता नहीं होती। आलोचक आलोचना करते रहते हैं कि यह भी कोई कविता है, लेकिन श्रोताओं की तालियों के आगे उन्हें चुप्पी लगानी पड़ती है और आयोजकों को अपने कार्यक्रमों में बुलाना ही पड़ता है। दरअसल उनकी वाणी में वह जादू है, जो श्रोताओं को सम्मोहित किए रखता है। अगर वह अपनी कविताओं का संकलन निकलवाएं, तो निश्चित रूप से उनकी कविता पाठकों के गले से नहीं उतर सकेगी। केवल उनके कहने के ढंग और शैली ने ही उन्हें लोकप्रिय बनाया हुआ है।

वाणी का संयम हीनता को दूर करने का सबसे सरल और सफल उपाय है। दूसरे आपको अपने पहनावे पर भी ध्यान देना चाहिए। भले ही सस्ते किस्म के वस्त्र पहनें, मगर सलीकेदार हों। आपके वस्त्र आपको गरिमा प्रदान करने वाले होने चाहिए। किसी से बात करते समय झिझकिए नहीं। हीनता के विचार जब भी आएं, उन्हें ज्यादा देर बैठने न दीजिए। अपने उन्नत विचारों रूपी झाड़ू से अपनी हीनता की गंदगी को बुहारते रहिए।

याद रखिए, समय उन्हीं लोगों को याद रखता है, जो जीवन में कुछ कर दिखाते हैं। आपमें सभी शक्तियां हैं। आप उन्हें क्यों नहीं पहचानते हैं ? अपने लक्ष्य को पहचान कर उसी ओर बढ़ते जाएं। स्वयं के बारे में व्यर्थ के भ्रम पालना छोड़ दें।

निराशा के भाव

कभी-कभी मंजिल बहुत दूर दिखाई देती है। संदेह होने लगता है कि हम मंजिल पर पहुंचेंगे भी या नहीं। जो लक्ष्य साधा था, उसके लिए इतना समय और इतने प्रयास किए, मगर अभी प्राप्ति कुछ भी नहीं हुई। हमारे साथ के व्यक्ति अपने लक्ष्यों पर पहुंच गए और हम उनके सामने बौने होते जा रहे हैं। मन के यही भाव निराशा के भाव हैं। जब आप निराश हो जाते हैं, तो आपका आत्मविश्वास भी डगमगाने लगता है। निराशा एक ओर तो हमारी प्रसन्नता और शांति को नष्ट करती है, दूसरी ओर हमारे आत्मविश्वास की हत्या करती है।

आशा उत्साहित करती है। आगे बढ़ने के लिए उत्सुकता जगाती है, मगर निराशा के भाव हमारे आगे बढ़े हुए कदमों को वहीं रोक देते हैं। निराशा एक भयानक शत्रु है। यह ऐसा दुष्ट शत्रु है कि विवेक को भी नष्ट कर देता है। सकारात्मक विचारों पर ऐसा आघात करता है कि विचार शक्ति ही शून्य हो जाती है। जितनी बार निराशारूपी शत्रु हम पर आक्रमण करता है, उतनी बार यह हमें निरुत्साहित और निष्क्रिय बना जाता है। कुछ क्षणों के निराशा के भाव ही कितने समय के परिश्रम को नष्ट कर देते हैं। निराशा वह भाव है, जो अकेला नहीं आता, बल्कि अपने साथ कितने ही मनोविकार ले आता है। निराश व्यक्ति का आत्मविश्वास खत्म हो जाता है। वह विवेकहीन हो जाता है। निराशा के दौरे में व्यक्ति तनाव महसूस करता है। वह स्वयं को दुनिया में सबसे हीन और एकाकी अनुभव करता है। असुरक्षा का भाव भी निराशा के साथ ही आ जाता है। निराशा हमारी आकांक्षाओं को नष्ट कर डालती है। यह हमारी प्रसन्नता, सुख, शांति को हमसे छीन लेती है, तो फिर इतनी घातक मनोवृत्ति का आप स्वागत क्यों करते हैं?

मुझे मालूम है, अब आप यही कहेंगे कि कहां स्वागत करते हैं? आप तो चाहते हैं कि आप कभी निराश न हों, परंतु फिर भी ये भाव आ जाएं, तो इसमें आपका क्या दोष। मगर आप इतनी आसानी से अपने दोषों से मुक्ति नहीं पा सकते। दोष तो आपका ही है कि आपने इस ओर कभी ध्यान ही नहीं दिया। जब भी निराशा के भाव आएं, आप उसे मौन रहकर झेलते रहें। आपने उसे दूर करने का प्रयास ही नहीं किया।

जिस व्यक्ति के जीवन में निराशा भरी हो, उत्साह और विश्वास समाप्त हो जाए, उसकी सफलता की कल्पना कैसे की जा सकती है। निराशा मानसिक ही नहीं शारीरिक शक्तियों पर भी विपरीत प्रभाव डालती है। इसलिए इसका इलाज करना बेहद जरूरी है।

जब निराशा का अनुभव हो, तो किसी से स्वयं की तुलना न कीजिए। मंजिल अगर दूर दिखाई देती है, तो उसके लिए कार्य कीजिए, निराश होने से काम नहीं चलेगा। हमारा मन हमारी क्षमताओं का मानदण्ड है। मन की दुर्बलता क्षमताओं को भी दुर्बल कर देती है। निराशा से भरा मन आपका क्या संचालन करेगा? अगर संचालक ही निराश, हीन और दुर्बल है, तो पूरे कार्यक्रम की सफलता की कल्पना भी दुष्कर है। मन को आशा से तैयार रखिए।

यदि कोलम्बस निराश हो जाते, तो भारत के पश्चिमी मार्ग की खोज करने का उनका उद्देश्य कैसे पूरा होता? एडीसन ने बिजली के बल्ब और ग्रामोफोन का आविष्कार किया। क्या आविष्कार करते-करते उन्हें कभी ऐसा नहीं लगा होगा कि पता नहीं आविष्कार सफल होगा कि नहीं। अवश्य लगा होगा। मगर जो लोग इन भावों से जल्दी ही उभर जाते हैं, सफलता के असल हकदार वही हैं। याद रखें, जितनी बार आप निराश होते हैं, उतनी ही बार आप अपनी आशाओं के उस भवन को ध्वस्त कर देते हैं, जिसे आपने बड़े परिश्रम से बनाया था। जितनी बार आपकी आशाएं ध्वस्त होती हैं, उतनी ही बार आप अपनी मंजिल से दो कदम पीछे चले जाते हैं। अपने जीवन की गाड़ी में निराशा के बैक गीयर न लगाएं। जैसे आपके विचार होंगे, वैसे ही आपके कार्य होंगे। अपनी सफलता पर पूरी आशा रखिए।

अगर आपको स्वयं पर ही विश्वास नहीं है, तो लोग आप पर विश्वास क्यों करेंगे? निराशा के वे भाव जो आपको निरुत्साहित करते हैं, उन्हें अपने मन में सहेज कर रखने से क्या लाभ? ऐसे विचारों को तो मन में आने से पूर्व ही कुचल देना चाहिए।

जब भी हम पर निराशा का आक्रमण होता है, तो हमें उसका सामना साहस से करना चाहिए। निराशा से डरिए नहीं। याद रखें, ऐसा कोई व्यक्ति नहीं है, जो जीवन में कभी निराश न हुआ हो। बस, निराशा से उभरना आना चाहिए।

मेरे एक मित्र बहुत बड़े व्यापारी हैं। जब वे निराश होते हैं, तो कुछ समय के लिए सब कार्य छोड़कर शांत बैठ जाते हैं। रोने को मन करता है, तो रो लेते हैं, फिर स्वयं को समझाते हुए कहते हैं कि मुझे अभी बहुत कुछ करना है। जीवन में आगे बढ़ना है। मेरे पास सब कुछ है, किसी चीज की कमी नहीं, फिर मैं उदास क्यों रहूं? वह कभी-कभी

डायरी भी लिखते हैं। जब बहुत खुश होते हैं, तो डायरी में अपने भाव जरूर अंकित करते हैं। निराशा के क्षणों में जब वह अपनी डायरी पढ़ते हैं, तो उन्हें उत्साह मिलता है। मुझे उनका यह निराशा दूर करने का उपाय बहुत अच्छा लगा।

मेरे एक अन्य मित्र गहरे आस्तिक हैं। वह निराशा के क्षणों में प्रार्थना पर विश्वास करते हैं। ईश्वर से प्रार्थना करते हैं कि वह उन्हें इन अवसाद के क्षणों से मुक्ति दिलाए। प्रार्थना के साथ-साथ वह यह भी विश्वास करते हैं कि उनके दयालु भगवान ने उनकी प्रार्थना सुन ली है।

इस सत्य से कोई इनकार नहीं कर सकता कि प्रत्येक व्यक्ति प्रशंसा पाकर खुश होता है। जब आप निराश हों, तो ऐसे लोगों से मिलें, जो आपको पसंद करते हों, आपके गुणों की कद्र करते हों। ऐसे लोग आपसे मिलते ही आपका स्वागत करेंगे और आपकी हलकी-फुलकी प्रशंसा से आपका उत्साह बढ़ा देंगे। यह समय पर की गई प्रशंसा आपको कार्य करने के लिए प्रेरित करेगी और जब आप इस प्रेरणा से कार्य में दिलो-जान से जुट जाएंगे, तो सफलता निश्चित है। ऐसी सफलताएं ही आत्मविश्वास बढ़ा देती हैं। *निराशा के भाव, जहां आत्मविश्वास को जला देते हैं, वहीं आशा और सफलता आत्मविश्वास को बढ़ा देती हैं।*

मेरी एक पत्र मित्र तो निराशा के क्षणों में अपनी मित्र मंडली में रहना पसंद करती है। जैसे ही उसके मन में निराशा के भाव आते हैं, वह साइकिल उठाती है और अपने पुराने मित्रों के घर उनसे मिलने पहुंच जाती है। निराशा दूर करना कठिन कार्य नहीं है। निराशा से भयभीत होने के बजाए आप इसके विरोधी भावों व उत्साह, आशा और प्रसन्नता को जगाएं।

जब भी आप उदास हों, आपका अपनी शक्तियों पर से विश्वास उठने लगे, मन में हीन भावना आने लगे या जीवन व्यर्थ प्रतीत होने लगे, तभी अपने मन में उत्साह, आशा और प्रसन्नता के भावों को जगाना प्रारंभ कर दें। यह जागृति आप अपने विचारों में ला सकते हैं। यह तो आपको मानना ही पड़ेगा कि हमारी मनःस्थिति हमारे विचारों पर टिकी है और विचारों को प्रोत्साहन या उन पर अंकुश लगाने की शक्ति हम सबमें है। अंग्रेजी की एक कहावत है, ''एक्ट टू बी चीयरफुल'' यानी प्रसन्न रहने के लिए प्रसन्नता का नाटक करें। विश्वास कीजिए, आपको यह नाटक ही धीरे-धीरे आपको वास्तविक प्रसन्नता दे जाएगा।

इसी तरह निराशा के क्षणों में आशापूर्ण साहित्य पढ़कर भी हम उस पर विजय प्राप्त

कर सकते हैं। जब भी आपको संदेह हो कि आपके मन की लगाम आपके हाथों से छूटी जा रही है, तभी आप रचनात्मक कार्यों में लग जाएं। सोचना छोड़ दें, लेकिन कार्य करना न छोड़ें। थोड़ी देर में आप अपनी मनःस्थिति में परिवर्तन पाएंगे। आप अपनी मानसिक स्थिति को जैसा चाहें, वैसा बना सकते हैं। निराशा के कीटाणु आपको कमजोर कर दें, उससे पूर्व ही आशा और उत्साह की प्रतिरोधी औषधियों का सेवन कर लें।

प्रेम में असफलता से निराशा, परीक्षाओं में फेल होने के भय से निराशा, समाज में अपमान होने से निराशा या नौकरी न मिलने से निराशा हो, निराशा अपना विपरीत प्रभाव डाले बिना नहीं रह सकती। कई युवक-युवतियां इन्हीं निराश क्षणों में आत्महत्या तक कर लेते हैं।

> *मैं एक ऐसे युवक को जानती हूं, जो बहुत होनहार था। वह किसी प्राइवेट स्कूल में अध्यापक था। एक दिन उसकी मैनेजमेंट से किसी बात को लेकर कहा-सुनी हो गई। कुछ दिन बाद प्रिंसिपल ने उसे सामूहिक प्रार्थना के समय सब बच्चों के सामने फटकार दिया। बस, उससे अपना अपमान सहन न हो सका और उसने उसी रात नींद की गोलियां खाकर आत्महत्या कर ली। जानते हैं, इसका परिणाम क्या हुआ, स्कूल के वे बच्चे, जो अब तक उसका सम्मान करते थे और प्रिंसिपल महोदय की उनके कृत्य के लिए आलोचना कर रहे थे, उनको भी यह विश्वास हो गया कि अवश्य ही उनके अध्यापक की गलती होगी, तभी उन्होंने शर्म के मारे आत्महत्या कर ली।*

निराशा के क्षणों में आत्महत्या के विषय में सोचने वाले बंधुओ, स्वयं की शक्तियों को पहचानो। अगर आपने अपने भीतर छिपी हुई शक्तियों को पहचान लिया, तो निश्चित रूप से आप आत्महत्या को सबसे मूर्खतापूर्ण कार्य समझोगे। तनाव और निराशा का समाधान आत्महत्या कभी नहीं हो सकता। आपको प्रकृति ने सुंदर शरीर और प्रबल मन दिया है। शरीर और मन ऐसे साधन हैं, जिनके माध्यम से आप जीवन की ऊंचाइयों को छू सकते हैं। परिस्थितियां सदैव एक सी नहीं रहतीं। जो कल था, वह आज नहीं है और जो आज है, वह कल नहीं रहेगा। जीवन तो बहती नदी के समान है। सतत प्रवाहमय। निराशा के जिन क्षणों का आपको सामना करना पड़ रहा है, वे स्थाई नहीं हैं। प्रयास कीजिए और उनसे उबरिए। आत्महत्या तो कायर लोग करते हैं और आप कायर नहीं हैं।

निराशा के क्षणों में स्वयं पर नियंत्रण रखें। भावुक न बनें, बल्कि विवेक से काम लें। आज असफल हो गए हैं, तो क्या हुआ ? जो जीवन में कभी असफल नहीं

हुआ, वह सफलता की अपेक्षा कैसे रख सकता है। जीवन में गलतियां तो होती ही रहती हैं। इसके लिए पश्चात्ताप के दो पल ही काफी हैं। पश्चात्ताप की अवधि इतनी नहीं बढ़ानी चाहिए कि वह हताशा में बदल जाए। अगर आप कर्मशील हैं, तो गलतियां तो होती ही रहेंगी। कभी भी गलती न करने वाले लोग अकसर वही होते हैं, जिन्होंने जीवन में कुछ किया ही न हो।

यदि आपने अपनी आंखों पर निराशा का काला चश्मा चढ़ा लिया, तो यह संसार आपको अंधकारमय ही दिखाई देगा। सामान्यतः व्यक्ति जब किसी मनोरम प्राकृतिक स्थल पर भ्रमण हेतु जाता है, तो उसे प्रकृति की प्रत्येक वस्तु में सौंदर्यानुभूति होती है। फूलों की सुगंध मुग्ध करती है। पत्तियों के आपस में टकराने की आवाज में संगीत सुनाई देता है। बादलों के बीच में से रास्ता बनाती हुई सूर्य की किरणें भावविभोर कर देती हैं, लेकिन वही व्यक्ति अगर निराशा की स्थिति में हो, तो उसे न तो फूल सुंदर लगेंगे और न ही बादल और सूर्य का मिलन प्रभावित करेगा। उगते हुए सूर्य की सागर में पड़ती हुई परछाईं उसके मन में कौतूहल नहीं जगाएगी। इसलिए संसार के सौंदर्य को देखने के लिए भी निराशा से मुक्ति पाना बेहद जरूरी है। निराश और उत्साहहीन व्यक्ति क्या कर सकता है ? संकट या अभाव का एक झटका भी उससे सहन न होगा। उसका व्यक्तित्व तो रेत के घरौंदे के समान होगा, बाधाओं की एक लहर ही उसका अस्तित्व समाप्त करने के लिए पर्याप्त होगी।

आप खुद सोचिए, जब आपके पास आपका कोई निराश मित्र आता है या कोई ऐसा व्यक्ति आता है, जो उत्साहहीन, आत्मविश्वासहीन है, तो क्या आप कल्पना कर पाते हैं कि वह कभी सफल होगा। आज हम जिन भौतिकी के साधनों का प्रयोग करते हैं, अगर उनके आविष्कारक निराश हो जाते, तो आज मानव सभ्यता बहुत पीछे खड़ी होती। पाषाण युग से वर्तमान युग की यात्रा आशावान, उत्साहरहित, साहसी और आत्मविश्वासी व्यक्तियों के कारण ही पूरी हुई है।

> *आज जिस हवाई जहाज में बैठकर मीलों की यात्रा मिनटों में तय कर लेते हैं, उसके आविष्कारक को लोग पागल कहते थे। ऐसा पागल जो आसमान में उड़ने जैसे असंभव कार्य की कल्पना किए बैठा था, लेकिन जैपलीन की कल्पना निराधार नहीं थी। उसे अपनी कल्पना के प्रति पूर्ण विश्वास था। लोगों के मजाक और अविश्वास ने उसे निराश नहीं किया। वह लगातार अपने कार्य में लगा रहा। हवाई जहाज उसी के विश्वास की देन है।*

सोचिए, अगर नैपोलियन निराश हो जाता, तो क्या वह आल्पस पर्वत पार कर पाता ? अगर कोलम्बस उत्साहहीन हो जाता, तो क्या वह अथाह सागर पार कर पाता ?

यदि एडमंड हिलेरी और तेनसिंह हिम्मत खो देते, तो क्या वे माउंट एवरेस्ट पर चढ़ पाते ? नहीं, कभी नहीं। निराश व्यक्ति तो ढंग से दो सीढ़ियां भी चढ़ नहीं सकता। ये उपलब्धियां तो बहुत बड़ी हैं। इनके लिए साहस और आत्मविश्वास चाहिए। आपने अपने जीवन का जो उद्देश्य बनाया है, वह भी बड़ा महान् और पवित्र है। उसके लिए भी दृढ़ आत्मविश्वास चाहिए। पहले निराशा आपके मन में अतिथि रूप में आएगी, फिर आपके मन रूपी घर पर कब्जा कर लेगी। इसलिए बेहतर है, इस अतिथि को द्वार से ही लौटा दिया जाए।

आशापूर्ण दृष्टिकोण बनाइए। यदि आप अपनी मनोवृत्ति को बदल लेंगे और आशावान बने रहेंगे, तो आपका आत्मविश्वास आपको सफलता की ओर ले जाएगा। सूरजमुखी का पौधा सदैव उगते हुए सूर्य की ओर ही मुंह करके खड़ा रहता है। आप भी आशाओं के उगते हुए सूर्य को प्रणाम करें। आपका भविष्य सफलता की अद्भुत संभावनाएं लिए आपकी प्रतीक्षा कर रहा है। इन संभावनाओं को निराशा के चश्मे से नहीं देखा जा सकता, इसलिए जितनी जल्दी हो सके निराशा के आवरण को उतार फेंकिए।

मन से जीतें आत्मविश्वास

किसी विद्वान् ने ठीक ही लिखा है कि मन के जीते जीत है, मन के हारे हार। आज तक जितने भी व्यक्ति हारे हैं, कमजोर मन के कारण ही उनकी हार हुई है। जब छोटी-सी हार व्यक्ति के मन को धराशायी कर देती है, तो वह कोई बड़ा कार्य करने का साहस ही नहीं कर पाता। अगर कोई व्यक्ति वास्तव में सफलता का आकांक्षी है, तो उसे अपने मन की शक्तियों पर संदेह करने से कभी सफलता नहीं हासिल हो सकती। संदेहशील और शंकालु लोग अकसर पिछड़ जाते हैं। मनोवैज्ञानिक साधारण से व्यक्ति को 'हिप्नोटाइज्ड' (सम्मोहित) करके उसके द्वारा असंभव प्रतीत होने वाले कार्य करवा लेते हैं। जैसे कई बार प्रयोग के तौर पर वे एक कमजोर व्यक्ति से भारी बोझा उठवा लेते हैं, लेकिन जब वे सम्मोहन हटा देते हैं, तो वही व्यक्ति वह भार नहीं उठा पाता। वास्तव में मनोवैज्ञानिक व्यक्ति को कोई शक्ति नहीं देते, बल्कि व्यक्ति में निहित शक्ति को उभारने का कार्य करते हैं। शक्ति तो व्यक्ति के अंदर पहले से ही विद्यमान है। बस, उसे अपनी शक्तियों का परिचय प्राप्त नहीं है। अब्राहम लिंकन अपनी मजबूत मानसिक शक्तियों के बल पर ही अमेरिका के राष्ट्रपति बने थे। जो लोग अपने मन की शक्तियों का पूर्ण प्रयोग करते हैं, बड़ी से बड़ी बाधाएं उनके मार्ग से स्वतः हट जाती हैं। इसी मानसिक शक्ति के सहारे ही पियरे ने उत्तरी ध्रुव की खोज की थी।

इंग्लैंड के प्रधानमंत्री डिजराइली की जीवनी पढ़ कर देखिए। वह बेहद कठिन परिस्थितियों से गुजरे, किंतु उन्होंने अपनी मानसिक शक्तियों को संजोए रखा और सफल हुए। जिस व्यक्ति का मन मजबूत होता है, वह कभी भी भटकता नहीं। आज हम जिस विकसित सभ्यता में सांस ले रहे हैं, वह मजबूत मन वाले व्यक्तियों की ही देन है। विकास वही कर सकता है, जिसका मन मजबूत हो। उन्नति के शिखरों पर बैठकर सफलता की मृदु पवन का आनंद दृढ़ मनोशक्ति वाले लोग ही ले सकते हैं।

मजबूत तन वाले व्यक्ति वही करते हैं, जिसके विषय में एक बार ठान लेते हैं। इधर-उधर भटकाने वाली आवाजों पर जरा भी ध्यान नहीं देते। वे केवल अपनी आत्मविश्वासी आवाज को सुनते हैं। जिसके अंदर विश्वास की यह शक्ति प्रकट

हो गई, समझिए उसने सब कुछ पा लिया। यही कारण है कि लोग योग्यता होते हुए भी पिछड़ जाते हैं, मगर वे अपनी आंतरिक आवाज के अनुसार कार्य करने लगें, तो उनके जीवन की दशा ही बदल जाए। जीवन में जितने भी दुःख, कष्ट या असफलताओं का सामना करना पड़ता है, वह मन की कमजोरी का और विश्वास के अभाव का परिणाम है। अपनी शक्तियों पर कभी संदेह न कीजिए। इच्छाओं को संदेह से दबाइए नहीं, बल्कि विश्वास से उन्हें पूरा करने का प्रण कीजिए। अपने भीतर स्थायी विश्वास और आशावाद स्थापित करें।

अपने मन के मनोविज्ञान को समझने का प्रयास कीजिए। विचारों का मन पर गहरा प्रभाव पड़ता है। जैसा आप सोचेंगे, वैसा ही आपका मन कार्य करने लगेगा। बीमारी के भावों को अपने मन में स्थान देंगे, तो आप सदैव बीमार रहेंगे, प्रसन्नता का नाटक करते-करते आप वास्तविक प्रसन्नता प्राप्त कर सकते हैं।

> एक डॉक्टर ने अपनी पुस्तक में लिखा है कि उसके पास एक ऐसी महिला आई, जिसके पेट में बहुत दर्द रहता था। उसे बहुत-सी दवाइयां दी गईं। कुछ दिन वह ठीक रहती है, मगर फिर उसे दर्द होने लगता। आखिरकार वह डॉक्टर परेशान हो गया, क्योंकि उसके अनुसार तो उस महिला को कोई रोग ही नहीं था। इसका जिक्र जब उसने अपने मनोचिकित्सक मित्र से किया, तो उसने इस महिला से बातचीत करने की उत्सुकता जाहिर की। उससे बातचीत करने के बाद उसने अपने मित्र को सुझाव दिया कि वह उसका नकली आपरेशन कर दे, वह निश्चित रूप से ठीक हो जाएगी, क्योंकि उसे वहम की बीमारी है। वह महिला मानती है कि उसके पेट में कोई भयानक बीमारी है, जो छोटी-मोटी दवाइयों से ठीक नहीं हो सकती। डॉक्टर आगे लिखता है कि उसने ऐसा ही किया। उस महिला को कहा गया कि उसका आपरेशन होगा। उसे बाक   ायदा आपरेशन कक्ष में ले जाया गया और बेहोश किया गया। उसके पेट पर आपरेशन के घाव भी करने पड़े। कुछ दिनों बाद वह महिला पूरी तरह स्वस्थ हो गई।

इस घटना से यही स्पष्ट होता है कि हमारी सभी शारीरिक क्रियाएं भी मन पर ही आधारित हैं। कमजोर शरीर और बलवान मन से तो सफलता पाई जा सकती है, किंतु बलवान शरीर और हारे हुए मन से सफलता की कल्पना भी नहीं की जा सकती। अगर आप पूर्ण सफलता पाना चाहते हैं, तो स्वस्थ मन और स्वस्थ शरीर के लिए प्रयास करें।

मन की शक्तियों को कमजोर न होने दें। आपकी उन्नति-अवनति आपकी मानसिक

शक्तियों पर निर्भर करती है। जितना ध्यान आप अपने शरीर का रखते हैं, उतना ही अपने मन का रखिए। कोई पहलवान केवल पुष्ट पट्ठे, बलवान शरीर और दाव-पेंच में कुशलता से ही सफलता प्राप्त नहीं कर सकता। कुश्ती में जीत उसी पहलवान की होगी, जिसमें आत्मविश्वास की मानसिक शक्ति होगी। समस्याएं देखकर घबराएं नहीं, बल्कि उनका सामना करने का साहस रखिए।

सरसरी तौर पर देखा जाए, तो इस समाज में चारों ओर समस्याएं हैं। विश्लेषण करेंगे, तो यह समाज समस्याओं में ही उलझा हुआ नजर आएगा। आप विद्यार्थी हैं, तो विद्यार्थीकाल की समस्याएं हैं। कक्षा में आपको अपनी पोजीशन बनानी है। किसी विषय में आप कमजोर हैं या कोई विषय आपको पसंद नहीं, या आपको अपना सेक्शन अच्छा नहीं लगता। ऐसी कितनी ही तरह की समस्याएं हैं। नौकरीपेशा लोगों की अपनी समस्याएं हैं। बॉस थोड़ा गुस्से वाला है, छुट्टी मांगने पर छुट्टी नहीं मिलती या सहकर्मियों की तुलना में आपके पास काम की अधिकता है। सहयोगी दफ्तर के कामों को अच्छे ढंग से नहीं कर पाते। घरेलू महिलाओं की अपनी अलग समस्याएं हैं। घर का भी देखो और नौकरी भी संभालो। दूसरी ओर घरेलू महिलाएं सोचती हैं कि घर के छोटे-छोटे कार्यों में ही उम्र गंवा रही हैं। एक अपनी पढ़ाई को प्रयोग में लेकर परेशान है, तो दूसरा पढ़ाई का समुचित लाभ न उठा पाने के कारण कुंठित है। वृद्ध लोगों की समस्याएं इन सबसे अलग हैं। किसी को बेटा-बेटी से उपेक्षा मिल रही है, तो किसी को वृद्धावस्था में ही काम करना पड़ रहा है। गरीबों की अपनी समस्याएं हैं और अमीर भी समस्या रहित नहीं हैं। अगर इस तरह देखा जाए, तो हर तरफ समस्याएं ही समस्याएं हैं। मगर वास्तविकता यह है कि समस्याएं इस समाज में कहीं भी नहीं हैं। सारी समस्याएं हमारे मन में हैं। सारी समस्याएं उत्साहहीनता, निराशा, विश्वासहीनता और अपने मन की विकृत सोचों से ही पैदा होती हैं। अगर हम अपने मन को यह समझाने में सफल हो जाएं कि समाज में कहीं समस्याएं हैं ही नहीं, तो हमारे लिए जीवन समस्या रहित हो जाएगा, लेकिन अगर अपनी समस्याओं का रोना ही रोते रहेंगे, तो हर मोड़ पर समस्याएं हमारी प्रतीक्षा करती हुई मिलेंगी।

अपने मन को मजबूत बनाइए। अपनी योग्यताएं बढ़ाते जाइए, अपनी क्षमता और सामर्थ्य भी बढ़ाते जाइए। *आपके जितने अधिक गुण होंगे, आपका उतना अधिक आत्मविश्वास बढ़ेगा और आप अपने सामने आने वाली हर समस्या का मुकाबला करने में सक्षम होंगे।* दीन-हीन, कुंठित मनोवृत्ति को त्यागिए। जो भी कार्य करें, प्रसन्नता से करें। उस कार्य में अपनी रुचि पैदा कर लें।

पहाड़ों की ओर देखिए, उनके एक तरफ ऊंचाइयां हैं, तो दूसरी तरफ खाइयां हैं।

इस तरह मनुष्य के जीवन में भी एक ओर ऊंचाई है और दूसरी ओर निम्नता भी है। मनुष्य का ऊंचाई की ओर उठाव अथवा निम्नता की ओर झुकाव उसके मन पर निर्भर करता है। मन अगर ठीक तरह प्रशिक्षित हो, तो निराशा से उत्साह की ओर, चिंताओं से निश्चिंतता की ओर, भटकाव से बचाव की ओर जाया जा सकता है।

मन को साधिए। सुख-दुःख मन पर ही आधारित हैं। मन हार गया, तो दुःख का बोध होता है। मन जीत गया, तो सुख की अनुभूति होती है। सुख-दुःख के प्रति अपना दृष्टिकोण बदलिए।

मैं जब भी मन के विषय में बात करती हूं, तो अकसर कहती हूं कि मन का मौन धारण करना चाहिए। यह मन का मौन क्या है ? वाणी का मौन है, मुंह से न बोलना। मन का मौन है, मन को विचारशून्य करना। किसी भूमि में लगातार खेती करने से एक दिन उसकी उपज कम हो जाती है। तब उस भूमि को कुछ समय के लिए खाली छोड़ा जाता है। इसी तरह मन में लगातार विचार बदलते रहने से मन पर भी विपरीत प्रभाव पड़ता है। ऊर्जा ग्रहण करने हेतु मन को भी बीच-बीच में खाली छोड़ें। इसी को ध्यान साधना कहते हैं। मन की मजबूती के लिए ध्यान साधना का बहुत महत्त्व है।

आशंका, डर, निराशा मन की ही दशाएं हैं, जो आपको सफलता से कोसों दूर ले जाती हैं। आशंका तभी होती है, जब आप अपना मन कमजोर कर लेते हैं। आज तक कितने ही ऐसे लोग हुए हैं, जो साधारण अवस्था से ऊपर उठे हैं और अपने जीवन को शानदार बनाया है। उन्होंने अपने मन को कमजोर नहीं होने दिया। आप भी सफल होना चाहते हैं, आप भी चाहते हैं कि ऊंचाइयों को छुएं। आप सब कुछ कर सकते हैं, मगर इसके लिए विश्वास की जरूरत हैं। प्रकृति कभी किसी के साथ अन्याय नहीं करती। वह सबको समान शक्ति देती है। भौतिक साधनों की कमी या बढ़ोत्तरी हो सकती है। मगर प्रकृति सबको गुणों का दान देती है। अपने भीतरी गुणों को पहचानिए। अपनी शक्तियों को उभारिए। अपने व्यक्तित्व को प्रभावशाली बनाइए। ऐसी कोई बाधा नहीं है, जो आपको क्षति पहुंचा सके।

कुछ लोग इसी बात से परेशान रहते हैं कि भाग्य उनका साथ नहीं दे रहा। आप अपने भाग्य का निर्माण स्वयं कर सकते हैं। आपने हातिमताई का किस्सा तो सुना ही होगा। कहते हैं कि हातिमताई को देखकर नदियां, खाइयां, पहाड़ आदि रास्ता छोड़ देते थे। यह काल्पनिक कहानी नहीं है, बल्कि सत्य है। इस बात को प्रतीक रूप में कहा गया है। हातिमताई ने अपने मन की शक्तियों का उपयोग करने की कला जान ली थी। इसलिए उसके मार्ग में आने वाले पहाड़ या चट्टान रूपी बाधाएं

स्वयं हट जाती थीं। विश्वास कीजिए, आप भी हातिमताई के समान ऐतिहासिक पात्र बन सकते हैं, बशर्ते स्वयं को पहचान लें। अपनी सुप्त शक्तियों को जगाइए। अब तक उन्होंने बहुत विश्राम कर लिया। अब समय आ गया है कि वे आपके लिए कार्य करें।

आपके मजबूत मन और दृढ़ आत्मविश्वास को कोई नहीं हरा सकता। मन की मजबूती के आगे निर्धनता, दुर्भाग्य, मुसीबतें, बाधाएं या आलोचनाएं टिक ही नहीं सकतीं। कठिन से कठिनतर कार्य करने की शक्ति आप में है, जो आपके मन पर आधारित है। जीवन में महान् उपलब्धियां प्राप्त करने के लिए आयु कभी बंधन नहीं रही, बन्धन तो मन ही लगाता है। इतिहास साक्षी है कि कई व्यक्तियों ने बहुत कम आयु में ही बड़ी-बड़ी उपलब्धियां हासिल कर लीं। उनकी उपलब्धियों का श्रेय मात्र उनके मन की मजबूती को जाता है। फौरन कार्य करने वाले व्यक्ति कठिन परिस्थितियों में भी चेहरे पर मुस्कान बनाए रखते हैं।

बुढ़ापा शरीर का नहीं, मन की हारी हुई अवस्था का नाम है। मन हार गया, तो बूढ़े हैं, मन उत्साहित है, उमंगों से भरा है, तो आप युवा हैं। जवान भी बूढ़ा हो सकता है, बूढ़ा भी जवान हो सकता है। बचपन अगर चिंता, निराशा से जकड़ा हुआ है, तो वह बचपन नहीं बुढ़ापा है। बचपन में बुढ़ापे का अनुभव इसी को कहते हैं। जीवन से जो प्रेम करता है, वह युवा है और जिसका जीवन के प्रति आकर्षण समाप्त हो गया, वह समझो बूढ़ा हो गया। जीना है, तो संपूर्ण उत्साह से जीओ।

शिवाजी ने 16 वर्ष की आयु में पहला किला जीत लिया था। जार्ज वाशिंगटन 19 वर्ष की आयु में ही एडजूटेण्ट जनरल बन गया था। 20 वर्ष की आयु में उसकी मृत्यु हो गई, परंतु इसी बीच वह विश्व के अधिकांश भाग को जीत चुका था। लाफायत 20 वर्ष की अवस्था में फ्रांस सेना का प्रधान सेनापति बन गया। गैलीलियो ने 18 वर्ष की आयु में पैंडुलम के आधार पर झूलते हुए लैंप का आविष्कार किया था। नेलसन 19 वर्ष की आयु में ब्रिटिश सेना का लेफ्टिनेंट बना दिया गया था। पील 21 वर्ष की अवस्था में संसद सदस्य बन गया था।

डी. क्विंसी 11 वर्ष की आयु में ग्रीक और लैटिन भाषा में दक्ष हो गई थी। कौल की कविताओं का संग्रह 15 वर्ष की आयु में ही प्रकाशित हो गया था। और भी कितने ही साहित्यकारों के नाम गिनाए जा सकते हैं, जिन्होंने कम आयु में ही साहित्य संसार में ख्याति अर्जित कर ली। यह उनके पूर्व जन्मों का नहीं, बल्कि इसी जन्म में उनके आत्मविश्वास का फल है, उनकी दृढ़ता का परिणाम है। आज भी विश्व की सभी भाषाओं में ऐसे कितने ही लेखकों के नाम गिनाए जा सकते हैं, जो वृद्धावस्था में हैं, जब व्यक्ति का चलना-फिरना तक छूट जाता है, लेकिन वे बिस्तर में पड़े-पड़े

ही सृजन कार्य में लगे हुए हैं। जिस अवस्था में साधारण लोग अपने परिजनों की पहचान तक भूल जाते हैं, उसमें कई साहित्यकर्मी नए विचारों, नई धारणाओं का प्रतिपादन करते हैं। यह सब वे अपने मन और विश्वास के बल पर करते हैं।

शेक्सपियर ने एक जगह लिखा है, ''जो यह जानकर कि मधुमक्खियों के डंक हैं, शहद के छत्ते के पास नहीं जाता, वह शहद पाने के योग्य कभी नहीं होता।'' यह उक्ति भी मन की मजबूती की ओर ही संकेत करती है। आज हमारे समाज में कुछ ऐसा चलन हो गया है कि लोग सरकारी नौकरी करना पसन्द करते हैं। दरअसल वे सुरक्षा चाहते हैं, निश्चिंतता चाहते हैं। ऐसे लोग अकसर कहते हुए मिलेंगे, ''सरकारी नौकरी में कम वेतन भले ही मिलता हो, मगर नौकरी पक्की तो रहती है। हमें कोई निकाल नहीं सकता।'' उनकी इसी सोच का उनके व्यक्तित्व पर भी गहरा प्रभाव पड़ता है। अपनी इस सोच से प्रभावित होकर वे प्रत्येक कार्य में निश्चिंतता और सुरक्षा ढूंढ़ने लगते हैं। ऐसे लोग कभी भी साहसिक कार्य नहीं कर पाते, क्योंकि रिस्क लेने की उनकी आदत ही नहीं होती। वे तो बस एक पुराने ढर्रे पर चलना जानते हैं।

अपने मन को इतना मजबूत बनाइए कि दूसरों की बातें आपको विचलित न कर सकें। लोग अगर आपके कार्य की या आपकी हंसी उड़ा रहे हैं, तब भी आप अपने निर्णय पर अटल रह सकें। अपने निर्णयों पर आपको पूर्ण विश्वास होना चाहिए। विचारों की गुलामी भी वही लोग करते हैं, जिनमें आत्मविश्वास की कमी होती है, जिनका मन उस कमजोर पत्ते के समान होता है, जिसे हवा का एक झोंका ही वृक्ष से अलग कर देता है। इस संसार में आपको अपने लिए स्थान स्वयं बनाना है, तो मन के सत्य का पक्ष लीजिए।

जिस सफलता को आप प्राप्त करना चाहते हैं, वह पहले आपके मन की परीक्षा लेगी कि क्या आप में इतना सामर्थ्य है कि आप इस सफलता को सहेज कर रख सकें। इस परीक्षा में उत्तीर्ण होने के बाद ही आप सफलता पाने के उचित पात्र बन सकते हैं और इस परीक्षा में पास होने के लिए आपको मजबूत मन, दृढ़ आत्मविश्वास और साहस की आवश्यकता है। एक कहावत है, जहां चाह, वहां राह। अगर आप अपनी शक्तियों का विस्तार करने की सच्ची चाह रखते हैं, तो आपको रास्ते तो स्वयं ही मिल जाएंगे। बस, आपकी चाहत में दम होना चाहिए।

दृढ़ संकल्प का अभाव

यदि आपकी संकल्प शक्ति दृढ़ नहीं है, तो निश्चय ही आपके आत्मविश्वास में कमी आ जाएगी। आप उतने आत्मविश्वास से कभी नहीं कह पाएंगे कि आप अमुक पद प्राप्त करना चाहते हैं या आपके जीवन का लक्ष्य 'यह' है।

कुछ लोग जीवन में बनना कुछ चाहते हैं, मगर बन कुछ और जाते हैं। फिर उम्र भर उन्हें इस बात का असंतोष रहता है कि वे जो करना चाहते थे, जो बनना चाहते थे, नहीं बन पाए। परिणामतः जो कार्य-भार उन्हें सौंपा जाता है, उसमें वे मन नहीं लगा पाते और योग्यताओं के होते हुए भी अयोग्य घोषित कर दिए जाते हैं। विचार कीजिए, ऐसा तब होता है, जब व्यक्ति जो नहीं बनना चाहता, वही बनने के लिए दिन-रात परिश्रम करता है। ऐसा उस समय होता है, जब उसकी संकल्प शक्ति कमजोर हो जाती है।

आपकी आवाज अच्छी है, आप सफल गायक बनना चाहते हैं, किंतु आपके मित्रों का कहना है, "बहुत प्रतिस्पर्धा का जमाना है। गायक बनना इतना आसान नहीं।" और आप इंजीनियर बनने के लिए तैयारी करने लगते हैं और गायन की विधिवत शिक्षा लेना छोड़ देते हैं। स्पष्ट है, आपके हौंसले बुलंद नहीं हैं। अगर आपका निश्चय अडिग होता, तो आपके मित्रों की बातें आपको अपने लक्ष्य से विचलित नहीं कर सकती थीं।

एक सफल व्यक्ति का कहना है कि अगर आपने अपना लक्ष्य निर्धारित कर लिया है, तो तत्काल अपने लक्ष्य की ओर कदम बढ़ाना प्रारंभ कर दें और पीछे मुड़ने के सभी रास्ते बंद कर दें। आप पाएंगे कि आपकी शक्तियां चौगुनी हो गई हैं। जितना आपका संकल्प दृढ़ होगा, उतनी ही दृढ़ता से आप अपने कार्य में जुट जाएंगे। तभी तो कहा गया है कि जिनके संकल्प दृढ़ होते हैं, वे आधी लड़ाई तो काम शुरू करने से पूर्व ही जीत लेते हैं। आपके प्रयत्न मनोभावों पर निर्भर करते हैं। यदि आपकी मनोभावना आपके प्रयत्नों के अनुकूल नहीं होगी, तो सफलता भी संदिग्ध हो जाएगी। विचारों और प्रयत्नों का तालमेल होना बेहद जरूरी है।

43

मेरे एक जानकार वकील हैं। अफसोस कि उनकी वकालत ठीक नहीं चलती। एक दिन बातों-बातों में मैंने पूछ लिया कि आपको वकील बनने की प्रेरणा कैसे मिली ? तो उनका जवाब था, "प्रेरणा क्या जी, मैंने तो सोचा था कि आई.ए.एस. बनूंगा, कुछ समय तक तैयारी भी की, फिर सोचा कि सी.एस. का कोर्स कर लूं। एक वर्ष तक कोर्स किया, तो शुभचिंतकों ने बताया कि आजकल इसकी डिमांड नहीं है, फिर पत्रकारिता का कोर्स किया, मगर उसमें भी कोई खास काम नहीं मिला, फिर वकालत कर ली।" जब मैंने उनका वक्तव्य सुना, तो सोचा कि उनकी वकालत न चलने का कारण भी यही है। दरअसल उनके मन में सफल वकील बनने की दृढ़ इच्छा कभी जागृत ही नहीं हुई।

इतनी जल्दी निश्चय बदलने वाला व्यक्ति कभी सफल हो ही नहीं सकता। आप जो बनना चाहते हैं, पूरी ईमानदारी से वही बनने का प्रयास कीजिए। सफलता के लिए धैर्य की जरूरत है, दृढ़ संकल्प की आवश्यकता है। किसी विचारक ने ठीक ही कहा है, "अगर सही राह मिली है, तो फिर आगे बढ़ना। बार-बार भटकने से, जगह-जगह कुआं खोदोगे, तो पानी नहीं मिलेगा। एक जगह कुआं खोदोगे, तो पानी अवश्य मिल जाएगा।"

आपके आस-पास भी ऐसे कई व्यक्तियों के उदाहरण बिखरे पड़े होंगे, जो अपने विद्यार्थी काल में निकम्में गिने जाते थे, मगर आज अपने क्षेत्र में सफल व्यक्तियों में आते हैं। कारण इतना ही है कि विद्यार्थीकाल में वे विद्यार्जन के प्रति इतने सजग नहीं थे, किंतु व्यावहारिक जीवन में जब उन्होंने यथार्थ के धरातल पर कदम रखा, तब उनके सामने जीवन का ऐसा निश्चित लक्ष्य था, जिसके लिए उन्होंने अपनी पूरी शक्तियां लगा दीं। एक जुनून उनके सिर पर सवार हो गया कि अमुक कार्य में सफलता के शिखर तक पहुंचना ही है।

पूरे आत्मविश्वास के साथ अपना लक्ष्य निर्धारित कीजिए। सबसे बड़ी बात यह है कि उस लक्ष्य पर दृढ़ रहिए। अपने आत्मविश्वास को शक्तिशाली बनाए रखें और इस बात में विश्वास रखें कि आपमें सभी योग्यताएं हैं कि आप अपने लक्ष्य को प्राप्त कर सकते हैं, तो ऐसा कभी नहीं होगा कि आप असफल हो जाएं। हां, आपको अपने संकल्प के प्रति वफादार रहना होगा। संकल्प के प्रति निष्ठा आपके लक्ष्य को सदैव सामने बनाए रखेगी। मार्ग में जितनी कठिनाइयां आएंगी, आपका संकल्प ही आपको उनसे जूझने की शक्ति देगा। अगर आप डगमगा गए, तो समझिए हार गए। डिजराइली का कथन याद आ रहा है। डिजराइली कहा करते थे, "सफलता को प्राप्त करना नया जीवन प्राप्त करना है। एक नए जीव के जन्म की प्रसव पीड़ा

को तो भोगना ही पड़ेगा। सफलता बहुत बलिदान मांगती है। निश्चय सुदृढ़ है, तो सफलता भी निश्चित है।''

अपने संकल्प को बार-बार दोहराएं। ऊंचे स्वर में प्रतिज्ञा कीजिए। जो बनना चाहते हैं, ऊंची आवाज में पूरे आत्मविश्वास के साथ उसकी घोषणा करने की हिम्मत जुटाइए। अपने संकल्प को बार-बार दोहराने से आपके मन की छिपी शक्तियां जागृत हो जाएंगी। अपने वास्तविक रूप को जानने का प्रयास कीजिए। जो लोग अपनी शक्तियों से पूरी तरह परिचित हो जाते हैं, वे आश्चर्यजनक कार्य कर दिखाते हैं।

स्वेट मार्डेन का कथन है, ''ऊंचे स्वर में शब्द बोलने में जो ताकत है, वह मन में चुपचाप किसी शब्द को दोहराने में नहीं है। जब हम जोर से बोलते हैं, तो हमारे हृदय में पूरी तरह हलचल मच जाती है। ऊंचे स्वर में बोले गए शब्दों से हमारी सोई हुई शक्तियां जाग उठती हैं।'' इसमें कोई संदेह नहीं है कि जितना हम अपने संकल्पों को दोहराएंगे, उतनी ही हमारी आकांक्षाओं को गति मिलेगी।

याद कीजिए जब आप प्राइमरी के छात्र थे। आपकी कक्षा में पहले गिनती और फिर पहाड़े जोर-जोर से बोलकर याद करवाए जाते थे। एक छात्र जोर से बोलता था, उसके पीछे सभी दोहराते थे। अंतिम पीरियड तो दोहराने के लिए ही रखा गया था। उसके विषय में गहराई से सोचें। जोर-जोर से दोहराने का उद्देश्य मन में बात को बैठाना था। बड़ी कक्षा में जोर से दोहराने की जरूरत इसलिए नहीं पड़ती, क्योंकि अभ्यास से मन को एकाग्र करने की आदत पड़ जाती है। इसी तरह प्रारंभ में संकल्पों को भी ऊंची आवाज में दोहराने ही जरूरत है। बाद में अभ्यास हो जाने के बाद इसकी आवश्यकता नहीं रहेगी। आपका संकल्प आपको एकाग्रता का गुण देगा, जो सफलता के लिए बेहद जरूरी है।

अर्जुन को मछली की आंख का निशाना लगाना था, वह भी जल में देखकर। वह निशाना लगाने में बिलकुल नहीं चूका। कारण मात्र इतना था कि उसे निशाना लगाते समय केवल मछली की आंख ही दिखाई दे रही थी। इसी तरह जो आपका लक्ष्य है, जो आपके जीवन का उद्देश्य है, आपको उस तक पहुंचने के लिए केवल लक्ष्य ही दिखाई देना बेहद जरूरी है।

गुरु द्रोण ने जब अर्जुन से पेड़ पर बैठी चिड़िया की आंख का निशाना बनाने के लिए कहा, तो उससे पूछा कि उसे क्या दिखाई दे रहा है। तब अर्जुन ने कहा कि उसे केवल चिड़िया की आंख दिखाई दे रही है। आपको भी अपने लक्ष्य रूपी चिड़िया की आंख ही दिखाई देनी

45

चाहिए। उसके आस-पास जो अभावों की भीड़ है, उसे नजरअंदाज कर दीजिए।

अपने संकल्पों के प्रति वफादार रहिए। स्वयं को सुझाव दीजिए। अपनी कमजोरियां खोजिए। अपने संकल्पों को पुष्ट कीजिए। यदि आप अनुभव करते हैं कि आप में संकल्प शक्ति का अभाव है, तो इसके लिए एक मनोवैज्ञानिक प्रयोग कर सकते हैं। रोज सुबह उठकर खुले वातावरण में जाकर (घर की छत पर भी जा सकते हैं) अपने दोनों हाथ आसमान की ओर उठाएं। दृष्टि आसमान की ओर रखें और ऊंची आवाज में अपना संकल्प दोहराएं, फिर अपनी शक्तियों को जागृत करने के लिए ऊंचे स्वर में ही कहें कि, ''मैं अमुक कार्य पूरी तरह कर सकता हूं। ऐसी कोई ताकत नहीं है, जो मेरे मार्ग में बाधा बने। दिन-पर-दिन मेरी शारीरिक और मानसिक शक्तियों का विकास हो रहा है। मुझे जल्दी ही सफलता मिलने वाली है।'' मनोचिकित्सक अपने रोगियों को अकसर यही प्रयोग करने की सलाह देते हैं।

शाम को आप अपने किए गए कार्यों का मूल्यांकन करना न भूलें। कागज कलम लेकर दिन भर किए गए अच्छे-बुरे कार्यों का मूल्यांकन करें और अंत में अपनी कमजोरियों को दूर करने की लिखित प्रतिज्ञा भी लें। इस कागज को संभाल कर रखने की आवश्यकता नहीं है। अगली सुबह उसे नष्ट कर दें। इससे भी आपके आत्मविश्वास और दृढ़ संकल्प शक्ति का विकास होगा।

पुरानी कहावत है कि सावन के अंधे को सब हरा ही हरा दिखाई देता है। शोध करने वाले छात्रों की ओर देखिए। उन्हें अपने विषय से संबंधित जहां भी कोई पंक्ति मिलती है, उसे तत्काल सहेज लेते हैं।

शिमला में मेरी मित्र शोध छात्रा है। मैंने अकसर नोट किया कि वह कभी बाजार से कोई वस्तु खरीदती है, तो दुकानदार जिस लिफाफे में वस्तु लपेट कर देता है, वह उस लिफाफे को भी पढ़ती है। पढ़ने से मतलब यह है कि वह एक दृष्टि जरूर डालती है कि कहीं उसके विषय से संबंधित कुछ लिखा हो, जो उसके काम आ जाए। उसकी इस दीवानगी को देखकर कोई संशय नहीं कि वह जल्दी ही अपना शोध ग्रंथ पूरा कर लेगी और अपने विषय में प्रसिद्धि भी पाएगी।

यदि आपका संकल्प दृढ़ है, तो परिस्थितियां आपको बांधकर नहीं रख सकतीं। अकसर लोग शिकायत करते मिलेंगे, ''अब शादी के बाद क्या तरक्की की सोचें। जिम्मेदारियां कितनी बढ़ गई हैं।'' या ''समय ही नहीं मिलता, क्या-क्या करें।'' अथवा ''अब तो इतना कंपीटीशन है, सिफारिश के बिना कुछ हो ही नहीं सकता।'' मेरी एक

मित्र ने अच्छे अंकों से एम.ए. की परीक्षा पास की। उसने मुझसे सलाह मांगी कि आगे क्या करूं ? मैंने कहा कि यू.जी.सी. की तैयारी करो। जरूर सफल हो जाओगी। उसने तत्काल उत्तर दिया, "बाप रे बाप, यू.जी.सी. का टेस्ट पास करना तो बहुत कठिन है। कोई पास ही नहीं कर सकता।" मुझे उसकी बात पर हंसी भी आई और तरस भी आया। अगर कोई पास ही नहीं कर सकता, तो क्या कमीशन यूं ही बनाया गया है ? क्या आज तक ऐसा हुआ है कि उस परीक्षा में बैठे सभी उम्मीदवार असफल हो गए हों ? हमारे मन में जब एक बात बैठा दी जाती है, तो उसी अनुरूप हम कार्य करने लगते हैं। मुझे इस संदर्भ में स्वेट मार्डेन का कथन याद आता है। उन्होंने कहीं लिखा है, "यदि हम किसी वस्तु की प्राप्ति की आकांक्षा अपने संपूर्ण मन से करें, उसे प्राप्त करने के लिए निरंतर प्रयत्न एवं कठोर संघर्ष करते रहें, तो सफलता हमारे पास ठीक उसी प्राकृतिक नियम से आएगी, जिससे ऊपर फेंका गया पत्थर पुनः पृथ्वी पर आ जाता है।"

संकल्प दृढ़ हो, तो असंभव प्रतीत होने वाले कार्य भी संभव हो जाते हैं। अपने संकल्पों पर पूरा उतरने की आदत बनाएं। समय-समय पर छोटे-छोटे संकल्प करें और उन्हें पूरा करें। इससे संकल्प शक्ति में वृद्धि होती है। प्रारंभ में आप दो घंटे बैठकर पढ़ने का संकल्प भी कर सकते हैं। या आप एक दिन टी.वी. न देखने का संकल्प ले सकते हैं। आप क्या संकल्प लेते हैं, यह आपकी कमियों और निर्धारित लक्ष्य पर निर्भर करता है, लेकिन जो भी संकल्प लें, उसे पूरा जरूर करें।

सफलता के लिए सफलता पर विश्वास करना जरूरी

किसी व्यक्ति के विश्वास पर उसकी सफलता निर्भर करती है। बीज पैदा होना, अंकुरित होना, उचित जलवायु मिलना, पौधा बनना, वृक्ष बनना और फिर फल लगना जिस प्रकार सत्य है, उसी तरह सफलता का फल भी एकाएक नहीं मिलता। इच्छा का बीज पैदा होता है, लक्ष्य अंकुरित होता है, विश्वास और निश्चय की खाद मिले, तो पौधे से वृक्ष बनता है और उस पर सफलता के फल लगते हैं। इस प्रक्रिया में अगर विश्वास और निश्चय की खाद न मिले, तो बीज अंकुरण तक पहुंच सकता है, लेकिन सफलता का फलदार वृक्ष कभी नहीं बन सकता।

अगर आपके मन में सफल होने की इच्छा पैदा हुई है, तो उस इच्छा को और बलवती कीजिए। मार्ग में आने वाली कठिनाइयों के विषय में सोचकर घबराएं नहीं। कार्लाइल कहा करते थे, ''महान् कार्य वही कर सकते हैं, जो बराबर संघर्ष करने की क्षमता रखते हैं। उनका एक भी कदम पीछे नहीं हटता।''

''यदि ऐसा हुआ'', ''काश ऐसा हो'', ''अगर'', ''मगर'' आदि शब्दों पर अधिक विश्वास न रखें। विश्वास रखें कि जो निश्चय आपने किया है, वह अवश्य पूर्ण होगा। पूरी शक्ति से अपने इच्छित लक्ष्य के प्रति जुट जाएं। आज तक जितने भी लोग सफल हुए हैं, उन्हें अपनी सफलता पर पूरा विश्वास था।

एक सफल अभिनेता से साक्षात्कार के दौरान पूछा गया कि अगर आप अभिनेता न होते, तो क्या होते? जानते हैं, उस अभिनेता का क्या उत्तर था? उसने कहा, ''ऐसा हो ही नहीं सकता था। मुझे अभिनेता ही होना था, इसलिए मैं अभिनेता हूं।''

आपकी निश्चय शक्ति भी ऐसी ही होनी चाहिए। जितना आप अपनी सफलता पर संदेह करेंगे, सफलता उतनी ही आपसे दूर होती जाएगी। संदेह और आशंका व्यक्ति को कभी भी आगे नहीं जाने देती। इसलिए आशंका के बीजों को दिल से

निकाल फेंकिए। हमारे मन में उत्पन्न संदेह के भाव ही हमें असफल बनाते हैं।

एक आध्यात्मिक चिंतक ने पूरे गांव में यह बात फैला दी कि वह दो ही दिन में ईश्वर के दर्शन करवा सकता है। कुछ ही समय में पूरा गांव उसके सामने उपस्थित था। ऐसा लग रहा था कि सारा गांव ही ईश्वर दर्शन हेतु व्याकुल है, लेकिन जब उस आध्यात्मिक चिंतक ने कहा, ''ईश्वर को दो दिन में प्राप्त किया जा सकता है, लेकिन ईश्वर को दो दिन में वही लोग पा सकते हैं, जिनके मन में सदा ईश्वर का ही चिंतन चलता रहा हो, जो लगातार ईश्वर के विषय में सोचते हों। जिनसे पूछा जाए कि जीवन का लक्ष्य क्या है, तो एक ही उत्तर हृदय से निकले कि ईश्वर दर्शन प्राप्त करना। जो लोग इस स्थिति तक पहुंच गए हैं, वे बैठे रहें, शेष चले जाएं।'' थोड़ी ही देर में हाल खाली था।

इस कथा में कितना सत्य है, यह तो नहीं कहा जा सकता, मगर इस बात से इनकार नहीं किया जा सकता कि हम सब दो ही दिन में सफलता पाना चाहते हैं। हम यह भूल जाते हैं कि सफलता के लिए लगातार सफलता का चिंतन जरूरी है। जिस कार्य में हम सफल होना चाहते हैं, उसकी सफलता के प्रति व्याकुलता के भाव होना आवश्यक है। हमारी सोच ही हमें कार्य के लिए प्रेरित करती है। हमारे कर्म हमारे विचारों से प्रभावित होते हैं।

आप इस बात पर तो विश्वास करते ही हैं कि जैसा बीज बोएंगे, वैसे ही फल की प्राप्ति होगी, तो फिर यह क्यों भूल जाते हैं कि जैसे विचार का मन में रोपण होगा, वैसी ही कार्यशैली विकसित हो जाएगी। असफलता का विचार असफलता देगा और उन्नति व आत्मविश्वास से पुष्ट विचार सफलता का फल देगा। आपके मार्ग को अवरुद्ध करने के लिए बाधाएं आ सकती हैं, मगर फिर भी सफलता के प्रति शंकित होने की जरा भी आवश्यकता नहीं है। ये बाधाएं तो आपके विश्वास की परीक्षा हैं। आपको उनकी कसौटी पर खरे उतरना है। अपने प्रयत्नों को कमजोर न होने दें। याद रखें, अगर सच्चे मन से प्रयत्न करेंगे, तो आपकी कोई कल्पना अधूरी नहीं रहेगी। वह साकार रूप अवश्य लेगी। आपका विश्वास उसे साकार करेगा।

अगर आप प्रशासनिक अधिकारी बनना चाहते हैं, तो पूरे मनोयोग से परीक्षा की तैयारी कीजिए। ऐसा नहीं कि आपके किसी मित्र ने कहा कि लाखों में से एक उम्मीदवार ही सफल हो पाता है, क्या तुम सफल हो जाओगे ? और आप हौसला खो दें। अपनी सफलता पर संदेह तो करना ही नहीं है। शैक्सपीयर का कथन है, ''हमारे संशय ही हमें सबसे अधिक धोखा देते हैं। इन्हीं के कारण हमारे अधिकार से वे वस्तुएं निकल जाती हैं, जिन्हें हम सफलतापूर्वक प्राप्त कर सकते थे, परंतु

संशय की वृत्ति के कारण सफलता में संदेह से हम उन वस्तुओं को प्राप्त करने का प्रयत्न ही नहीं करते।''

आपका अपनी योग्यताओं पर संदेह करना भी आपके आत्मविश्वास की कमी का कारण हो सकता है। जहां संदेह है, वहां विश्वास नहीं है। जहां विश्वास नहीं है, वहां सफलता की कल्पना भी नहीं की जा सकती। ''अगर ऐसा हो गया'' के संशय में ही हम उन तमाम कार्यों को प्रारंभ करने से भी डरते हैं, जिसमें हमें सफलता मिल सकती थी।

हमारी अधिकांश शंकाएं निराधार होती हैं। कभी एकांत में बैठकर विचार कीजिए, आप पाएंगे कि आज तक जिन-जिन बातों और जिन-जिन परिस्थितियों के लिए आप कितने ही समय परेशान रहे थे, वे कभी सामने ही नहीं आईं। जितने भी विचारक हुए हैं, उन्होंने बार-बार हमें इस बात को याद करवाया है, किंतु फिर भी हम भूल जाते हैं और व्यर्थ की शंकाओं में अपने कीमती समय को खराब करते हैं। जितना समय हम चिंता करने में व्यतीत करते हैं, उतना अगर सकारात्मक कार्य में लगाएं, तो सफलता प्राप्त कर सकते हैं। समय को बर्बाद मत कीजिए, क्योंकि बीता हुआ समय वापस नहीं आता। एक यूनानी कहावत हमेशा याद रखने योग्य है कि ''समय को तत्काल पकड़ो, तुम्हारी विजय होगी।'' जो स्थिति आपके सामने नहीं आई, उसके विषय में सोचकर घबराते रहना कहां तक उचित है ? महान् विचारक सैनेका का कथन विचार करने योग्य है, ''जो दुःख के आने से पहले ही दुःख मानता है, वह आवश्यकता से अधिक दुःख उठाता है।''

हालांकि विज्ञान ने काफी उन्नति कर ली है। मगर आज भी कई अंधविश्वासी लोग बीमार होने पर ओझा या तांत्रिकों के पास जाते हैं। गौरतलब है कि ओझा या तांत्रिक के पास जाने वाले कई लोगों की बीमारियां ठीक भी होती हुई देखी गई हैं। तो क्या यह मान लें कि ओझाओं या तांत्रिकों के पास बहुत सी शक्ति है ? नहीं, तांत्रिकों के पास बीमारियां ठीक करने का कोई मंत्र नहीं होता। रोगी का तांत्रिक पर विश्वास ही उसे ठीक कर देता है। अंधविश्वासी रोगी जब किसी तांत्रिक के पास जाता है, तो उसे तथाकथित तांत्रिक पर पूरा विश्वास होता है। यही विश्वास ही उसे ठीक कर देता है। सोचिए अगर किसी तांत्रिक पर किया गया विश्वास उसे रोगमुक्त कर सकता है, तो स्वयं की सफलता पर किया गया विश्वास कितना चमत्कारिक कार्य करेगा।

आशंका एक विष की तरह कार्य करती है। वहम, संशय, आशंका आपस में मिलते जुलते भाव हैं, जो मिलकर व्यक्ति के आत्मविश्वास को खत्म कर देते हैं। मनोविज्ञान कहता है कि किसी बीमारी की आशंका शरीर के उस भाग में तनाव पैदा कर देती

है और उस अंग में बीमारी आ जाती है। आशंका का परिणाम देखने के लिए प्रयोग करें। अपने बाएं हाथ या किसी भी अन्य अंग पर ध्यान केंद्रित कीजिए। कल्पना कीजिए कि आपके हाथ में दर्द हो रहा है, आपके अपने हाथ में कमजोरी अनुभव होगी। रोज अगर यही कल्पना करेंगे, तो आप कुछ दिन बाद ही अपने हाथ में तीव्र दर्द का अनुभव करेंगे। दरअसल मन पर जब आपके विचारों का प्रभाव पड़ता है, तो मन शरीर को प्रभावित करता है। आपकी सफलता-असफलता भी आपके मन पर ही आधारित होती है। आशंका या संशय व्यक्ति को तभी घेरता है, जब उसका मन कमजोर होता है, या उसमें आत्मविश्वास की कमी आ जाती है। अपने मन को आशंकाओं से बचाइए।

> मेरे एक मित्र का कहना है कि जब तक वे डॉक्टर के पास नहीं जाते, उनकी बीमारी ठीक नहीं होती। जबकि उनकी बेटी भी डॉक्टर है, मगर उसकी दवाई भी उन्हें नहीं लगती। यहां भी विश्वास की ही बात है। दरअसल मेरे मित्र को अपनी बेटी की क ाबिलीयत पर भरोसा नहीं। जब वे स्वयं दवाई लेते हैं, तब भी उनके मन में संशय होता है। मगर वही दवाई जब उनका डॉक्टर दे देता है, तो डॉक्टर पर विश्वास होने से ठीक हो जाते हैं। यही तो है विश्वास की शक्ति।

अगर आपके मन में संशय के भाव पैदा होते हैं, तो संभलिए। स्वयं के विचारों पर नियंत्रण कीजिए। गेटे ने एक जगह लिखा है, ''जिसने अपने पर नियंत्रण कर लिया। वह अवश्य ही सफलता प्राप्त करता है।'' सफलता के लिए सफलता पर विश्वास बहुत जरूरी है।

यदि आप दूसरों पर वियज प्राप्त करना चाहते हैं, तो पहले आपको अपने मन पर विजय प्राप्त करनी होगी। कुछ लोगों को शिकायत रहती है कि अन्य उनकी महत्ता नहीं समझते। कुछ लोग तो यह कहते हुए भी मिल जाएंगे कि उन्हें ज्योतिष ने बताया है कि कितना भी किसी के लिए कर लें, आपको उतना यश या सम्मान नहीं मिलेगा, जितना मिलना चाहिए। वास्तविकता तो यह है कि आजकल ज्योतिषी लोग हर चौथे व्यक्ति को यही बात बताते हैं। कारण सिर्फ इतना है कि ज्यादातर लोग अपनी शक्तियों पर स्वयं संदेह करते हैं। जब इसका प्रभाव दूसरों पर पड़ता है, तो दूसरे भी उनकी क्षमताओं को संदेह भरी दृष्टि से ही आंकते हैं और उतना सम्मान नहीं देते, जितनी अपेक्षा करते हैं। अगर आप चाहते हैं कि दूसरे आपके विचारों का सम्मान करें, तो पहले स्वयं अपने विचारों का सम्मान करना सीखें। उनमें संशय की दीमक न लगने दें।

पहला प्रयास तो यह करें कि आशंकाओं को अपने पास न फटकने दें, लेकिन फिर

भी यदि शंकाएं आपको आ घेरती हैं, तो परेशान न हों। आप कोई कार्य शुरू कर रहे हैं और आपके मन में विपरीत भाव उठ रहे हैं, तो भी चिंतित न हों। जिस शंका से आपका मन भयभीत हो रहा हो, भयभीत होने के बजाए अपने मन को उसका सामना करने के लिए तैयार करें। यदि आपके मन में विपरीत भाव उठ रहे हैं, उनसे भागने की कोशिश न करें, क्योंकि इस तरह आप उनसे पीछा नहीं छुड़ा सकते। यह सत्य है कि जिन विचारों से आप भागने का प्रयत्न करेंगे, वे उतने ही वेग से आपकी ओर आएंगे। मनोवैज्ञानिक भाषा में इसे ''ला आफ रिवर्स इफेक्ट'' कहते हैं। आशंकाओं से निजात पाने के लिए अपने कार्य में जुट जाएं। सिर्फ अपनी सफलता का चिंतन करें। बार-बार सोचें कि आपकी मेहनत एक दिन अवश्य रंग लाएगी। ईश्वर के घर न तो देर है, न अंधेर। देर का कारण आपकी अपनी कमियां हैं। अपनी कमियों को दूर करने का प्रयास कीजिए, सफलता तो आपकी बाट जोह रही है।

हमारे अपने काल्पनिक संशय ही हमारे पांव में बेड़ियां डाल देते हैं। संशय हमेशा गलत सुझाव देते हैं। वे अकसर वापिस मुड़ने को कहते हैं। संदेह सदा यही कहेगा कि जो हो रहा है, ठीक नहीं हो रहा और जो आगे होने जा रहा है, वह भी उचित नहीं होगा। जब-जब शंकित मन के सुझाव माने जाते हैं, तब-तब सफलता हमसे किनारा करती है। शंकित व्यक्ति कोई भी कार्य प्रारंभ करेगा, तो वह उसे पूरे मनोयोग से शुरू नहीं कर पाएगा। जहां शंका आ जाती है, वहां शक्तियां आधी रह जाती हैं। आधी शक्तियों और अधूरे मन से किया गया कार्य पूर्ण कैसे हो सकता है ? हमारी सबसे बड़ी कमजोरी यही होती है कि हम कार्य चाहे अधूरे मन से करें, किंतु आशा पूरे फल की करते हैं। दुःखद स्थिति तो यह है कि हमारे संशय हमारी स्वयं की उपज होते हैं। हम उन्हें अपने मन में स्वयं स्थान देते हैं और हमारे संशय हमसे विश्वासघात करते हैं। संशय एक ओर तो हमारे आत्मविश्वास को कमजोर करते हैं, दूसरी ओर हमें अनिश्चय में डाल देते हैं। अगर आप सफलता प्राप्त करना चाहते हैं, तो स्वयं को रचनात्मक कार्यों में लगाएं। स्वयं को हीन न समझें। विश्वास कीजिए कि जिस कार्य को करने की आपके मन में इच्छा पैदा हुई है, उसमें सफल होने की शक्ति भी आपमें छिपी है। अपनी सफलता पर भरोसा रखें, आपकी विजय निश्चित है। डेवी क्रोकेट ने कहा था, ''यह निश्चय रखकर कि आप ठीक मार्ग पर चल रहे हैं, आगे बढ़ते जाइए। सारा दिन दुविधा, संशय और संदेह करने में मत गंवाइए।''

दृष्टि साध्य पर

अगर आप आत्मविश्वासी हैं, तो आपकी दृष्टि साधनों पर नहीं, साध्य पर होगी। कुछ विद्यार्थी अकसर कहते रहते हैं कि उनके पास पढ़ने के साधन नहीं हैं, इसलिए वे अन्य से पीछे हैं। इसी तरह कई व्यक्तियों को शिकायत रहती है कि जीवन में उनकी असफलता का कारण उनके पास साधनों का अभाव है। कुछ लोग अपनी शारीरिक अक्षमताओं को लेकर ही कुंठित रहते हैं। दूसरी ओर विश्व ऐसे उदाहरणों से भी भरा पड़ा है, जब व्यक्ति के पास न तो साधन थे और न ही स्वस्थ एवं निरोगी शरीर, फिर भी वह उन्नति के शिखरों तक पहुंच गए। दरअसल जितने भी व्यक्ति सफल होते हैं, वे मार्ग में आने वाली छोटी-बड़ी कठिनाइयों को देखकर नहीं घबराते। उन्हें तो लक्ष्य प्राप्त करना है।

आपके पास साधन नहीं हैं, तो आपके कार्य करने में कुछ अधिक समय लग सकता है, किंतु आप सफल न हों, ऐसा नहीं हो सकता। गरीबी आपका मार्ग रोक रही है, घबराएं नहीं। आत्मविश्वास को बनाए रखें। मन में हीन भाव न आने दें। साधनों के अभाव के विषय में लगातार सोचते रहने से, साध्य दृष्टि से ओझल हो जाएगा। ऐसे में आपकी असफलता का कारण आपके अभाव नहीं, बल्कि आपकी मानसिकता होगी। कभी भी भाग्य का रोना न रोएं। आपमें वे सभी गुण हैं कि आप भाग्य को चुनौती दे सकते हैं। कमल की ओर देखें। उसने कीचड़ में जन्म लिया, यह उसका भाग्य है, किंतु वह वहां से ऊपर उठकर खिला यह उसके पुरुषार्थ का फल है। आपने चाहे कितने ही अभावों में क्यों न जन्म लिया हो, अगर आप पुरुषार्थी हैं, तो कमल की भांति अवश्य उठेंगे।

लालबहादुर शास्त्री गरीब थे, किंतु उनके पास आत्मविश्वास रूपी धन था, जिसके बल पर वे प्रधानमंत्री के पद तक पहुंच गए। बायरन का पैर खराब था, लेकिन वह महान् कवि बना, क्योंकि उसने साधनों की परवाह नहीं की। अंग्रेजी के प्रसिद्ध कवि पोप भी अपंग थे। अपंगता ने उनका मार्ग नहीं रोका। मिल्टन ने अपनी महान् कृति आंखें खोने के बाद लिखी। बीथोवन एक कान से बहरे थे और अपने कैरियर के अंत तक तो पूरे बहरे हो चुके थे, फिर भी विश्व के महान् संगीतकार

बन गए। साधनों का जितना रोना रोएंगे, आपका आत्मविश्वास उतना ही कम होता जाएगा।

अपने सब अभावों को भूल जाइए। अपनी शक्ति और योग्यताओं का चिंतन कीजिए। एक कागज पर अपने जीवन का लक्ष्य लिखिए और उसके नीचे उन गुणों को लिखिए, जिनके बिना आप अपने लक्ष्य तक नहीं पहुंच सकते। ऐसे गुणों में सबसे ऊपर 'आत्मविश्वास' का स्थान होगा। इस कागज को ऐसी जगह चिपकाएं, जहां आपकी दृष्टि पड़ती रहे। इससे आपका ध्यान आपके लक्ष्य की ओर बना रहेगा और आप में उत्साह का संचार होगा।

आपके अभाव तो बहुत कम हैं। उन लोगों के विषय में सोचकर देखिए, जिन्होंने बहुत अधिक अभावों से जूझते हुए सफलता के शिखर को प्राप्त किया। सूरदास नेत्रहीन थे, मगर उन्होंने ख्याति प्राप्त की। जिस व्यक्ति में प्रतिभा हो, वह विपरीत परिस्थितियों में भी उभर कर सामने आ ही जाता है।

> *स्टीफन की 21वीं वर्षगांठ के दिन, उन्हें लाउगेरिंग्स का रोग होने का पता चला। डॉक्टरों का कहना था कि इस रोग से वह पूरी तरह अपंग हो जाएंगे और कुछ वर्ष ही जीवित रहेंगे। यह बात सुनकर स्टीफन में जीने की उमंग खत्म हो गई, वह निराश हो गए, लेकिन जेन वाइल्ड से मिलने पर उन्हें आशा बंधी। उन्हें जीवन अर्थवान दिखाई देने लगा। उन्होंने उत्साह से पी-एच.डी. पूरी की। उनकी पुस्तक 'ए ब्रीफ हिस्ट्री ऑफ टाइम' बहुत बड़ी संख्या में बिक रही है। उनके वैज्ञानिक योगदानों को देखते हुए देश-विदेश के विश्वविद्यालयों, वैज्ञानिक संगठनों और सरकारों ने उन्हें सम्मानित किया। अपनी अदम्य इच्छा शक्ति के बल पर ही वह विज्ञान जगत के शीर्ष पर पहुंचे हैं।*

एक साक्षात्कार के दौरान हाकिंस ने कहा था, "यदि आप शारीरिक रूप से अपंग हैं, तो मानसिक रूप से अपंग होने से बचिए।"

भीमाभोई अंधे थे, लेकिन कवि रूप में उनकी ख्याति देखते बनती है। इंग्लैंड के प्रशासक तथा राजनीतिज्ञ हेनरी फासेट ने भी युवावस्था में एक दुर्घटना में अपने नेत्र खो दिए थे, लेकिन उनके आत्मविश्वास का ही परिणाम है कि वह अपने ध्येय को पा सके।

जिसके पास आत्मविश्वास की शक्ति है, उसके पास साधनों का अभाव नहीं है, क्योंकि सफलता प्राप्ति का मूल साधन, तो आत्मविश्विास ही है। अभावों से ग्रस्त, अपंग व्यक्तियों को सफल होते तो सबने देखा है, किंतु आत्मविश्वास हीन व्यक्ति

सफलता की ऊंचाइयों का आनंद ले पाया हो, ऐसा एक भी उदाहरण हम प्रस्तुत नहीं कर सकते। अगर सफल होना चाहते हैं, तो अपने अभावों का रोना रोकर किसी तरह की रियायत पाने की अभिलाषा मत रखिए।

सूरदास, डॉ. रघुवंश, सतीश गुजराल, वेदप्रकाश मेहता, अंजन भट्टाचार्य, सुधा चंद्रन, रूजवेल्ट, हेलेन कीलर, एडीसन, निकोलाई आस्त्रोव्स्की, मेरी वर्गीज, लुई ब्रेल, अलेक्सेई मरेस्येव जैसे कितने ही महान् व्यक्ति हुए हैं, जिन्होंने प्रकृति-प्रदत्त अभावों की परवाह नहीं की और अपने लक्ष्य की ओर निरंतर कदम बढ़ाते गए। जीवन जैसा है, उसे उसी रूप में स्वीकार करके, उसे बेहतर बनाने के प्रयास में जुट जाइए।

> *डॉ. रघुवंश सहाय वर्मा, जिन्हें आज हम हिंदी साहित्य के प्रसिद्ध विद्वान् मानते हैं, उनकी अदम्य जिजीविषा और आत्मविश्वास ही उन्हें इन बुलंदियों तक ले गया है। वह दोनों हाथों से लाचार थे। यह आश्चर्य करने की बात नहीं, उनके आत्मविश्वास की प्रबलता का परिणाम है कि वह लेखन कार्य पैर से करते थे। अगर वह अपने हाथ न होने का रोना रोते रहते और अपना आत्मविश्वास खो देते, तो क्या आज आप उन्हें प्रसिद्ध आचार्य के रूप में देखते ?*

शायद नहीं। ऐसे कई चित्रकार भी मिलेंगे, जो हाथों से लाचार होने के कारण मुंह से ब्रश पकड़ कर चित्रकारी करते हैं। इच्छाशक्ति, आत्मविश्वास और लगन से मनुष्य सब कुछ कर सकता है। इब्नबतूता का कहना है, ''कठिनाइयों से केवल कायर घबराया करते हैं। जिनको उन्नति की ओर बढ़ना होता है, वह प्रसन्नता के साथ कठिनाइयों से संघर्ष कर, उन पर विजय प्राप्त करते हैं।''

> *कृष्णचन्द्र डे 13 वर्ष के थे। 10वीं कक्षा के छात्र थे, तभी उनकी आंखों की ज्योति चली गई। वह पढ़ाई नहीं कर पाए। वह संगीत की शिक्षा लेने लगे और भविष्य में गायक के रूप में प्रसिद्धि प्राप्त की। जिस उत्साह से उन्होंने गायन की शिक्षा ली, उसे देखते हुए उनकी सफलता पर आश्चर्य नहीं किया जा सकता।*

रस्किन कहते हैं, ''दिल डूबा, तो नाव डूबी। मैं उत्साह भंग के अतिरिक्त ऐसी किसी दूसरी बात को नहीं जानता, जो अकेली ही मनुष्य को इतनी अधिक हानि पहुंचा सकती है। उत्साह भंग होने से आशाएं धुंधली पड़ जाती हैं, आकांक्षाएं गौण होकर नष्ट होने लगती हैं तथा कार्य करने की शक्ति समाप्त हो जाती है।''

कैसी भी परिस्थितियां हों, उन्हें अपने ऊपर हावी न होने दें। कई पढ़ने वाले विद्यार्थी

यह शिकायत करने में समय बर्बाद करते हैं कि पड़ोसी ऊंचा संगीत सुनते हैं, इसलिए पढ़ाई नहीं कर पाते। माना कि शोर बाधक है। वह दूर हो जाए, तो आपको सुविधा हो जाएगी, लेकिन अगर एकांत नहीं मिल रहा, तब भी परेशानी की बात नहीं है। एकाग्रता बढ़ाने की कोशिश कीजिए। मेरे ऐसे लेखक मित्र हैं, जो बसों और ट्रेनों में सफर करते हुए भी लेखन कार्य करते हैं। आठ घंटे की कठिन नौकरी के बाद तीन घंटे की ट्रेन की यात्रा में यात्रियों के शोर के बीच में लेखन कार्य करना साधारण व्यक्ति के लिए आसान नहीं, लेकिन जिसके पास दृढ़ आत्मविश्वास है, उसके लिए कुछ भी मुश्किल नहीं है। हिंदी के एक प्रसिद्ध कहानीकार से मिलने पर पता चला कि वह पिछले डेढ़ दशक से अधिक समय से सुबह-शाम दैनिक यात्रा करते हैं। दो घंटे ट्रेन से आने और दो घंटे जाने के बीच वह ढेर सारा पढ़ते हैं और कुछ-न-कुछ लिखते रहते हैं, फिर भी तरोताजा रहते हैं। यह सब आत्मविश्वास से कमाई गई एकाग्रता के कारण ही संभव हो सका है। बैजामिन डिजाराइली कहते हैं, ''मनुष्य परिस्थितियों का दास नहीं है, परिस्थितियां ही उसकी दास हैं।'' परिस्थितियों के दास मत बनिए। उनसे ऊपर उठिए। अगर आपने अपने सामने महान् लक्ष्य रखा है, तो विपरीत परिस्थितियों से जूझने के लिए सदैव तैयार रहें। विपरीत परिस्थियों को चुनौती के रूप में स्वीकार कीजिए।

अनुकूल परिस्थितियों में तो बीज परिपोषित हो ही जाता है। उचित जलवायु और देख-रेख में बीज पनपकर पौधा और पौधे से फूल भी पैदा हो जाते हैं, किंतु प्रतिकूल परिस्थितियों में जो बीज पनपकर फूलों से गुलशन को महका देते हैं, उनकी तो बात ही कुछ और होती है।

सकारात्मक दृष्टिकोण

मनुष्य के विचारों का मनुष्य के व्यक्तित्व पर बहुत गहरा प्रभाव पड़ता है। जैसी सोच वैसा कर्म। इस सिद्धांत पर अधिकांश लोग ध्यान नहीं देते। क्या आपने कभी ध्यान दिया है कि जब-जब भी आप अपने विषय में अच्छा सोचते हैं, दूसरे लोग भी आपके विषय में अच्छा सोचने लगते हैं ? दरअसल यह संसार हमारा ही प्रतिबिंब है। जब हम स्वयं से घृणा करते हैं, तो हम दूसरों के लिए भी घृणा के पात्र बन जाते हैं। जब स्वयं से प्यार करने लगते हैं, तो दूसरों का नजरिया भी हमारे प्रति बदल जाता है। हमारा प्रत्येक विचार, हमारी प्रत्येक प्रतिक्रिया हमारे स्वयं के प्रति दृष्टिकोण पर निर्भर करती है। *गोर्की लिखते हैं, "यह आत्मविश्वास रखो कि तुम पृथ्वी के सबसे आवश्यक मनुष्य हो।"* अगर आप अपनी दृष्टि में मूल्यवान हैं, तो दूसरे भी आपका मूल्य समझ लेंगे। इसलिए आपके विचार अपने प्रति सकारात्मक होने चाहिए। कभी भी अपने मन में यह विचार न लाएं कि आपके साथ अन्याय हो रहा है, या हो सकता है। आपके साथ कभी भी कुछ गलत नहीं हो सकता। इस बात को अच्छी तरह समझ लें। आपके व्यक्तित्व में आपके विचारों की अहम भूमिका होती है। अगर आपके विचार कमजोर हैं, तो आपका व्यक्तित्व भी कमजोर हो जाएगा। आपके विचार ऊंचे हैं, तो आप स्वयं भी ऊंचे उठ जाएंगे। जवाहरलाल नेहरू के शब्दों में, "आदमी का व्यक्तित्व उसकी अपनी कमाई है।"

विचार शक्ति को पहचानिए। आपके महान् विचार आपको महान् बना सकते हैं। हम जब भी मात खाते हैं, अपनी नकारात्मक सोच से ही खाते हैं। हम सदैव इस बात की ही परवाह करते हैं कि हमें कहीं कोई धोखा न दे जाए। मगर विचारणीय बात है कि मनुष्य को स्वयं उसके सिवाय कोई धोखा नहीं दे सकता। धोखा देने वाला हमारा अपना ही मन होता है। मन के साकारात्मक भाव ही सफलता की ओर ले जाते हैं और निरर्थक भाव हमारे आत्मविश्वास को क्षीण कर हमें धोखा दे जाते हैं।

भय का विचार मन में आते ही आपकी कार्यशक्ति क्षीण हो जाएगी। जितने लोग भय से मरते हैं, उतने बीमारी से नहीं। अगर आप बार-बार सोचें कि आपको टी.

बी. हो गई है, तो कोई आश्चर्य नहीं कि कुछ समय बाद आप टी.बी. की चपेट में आ जाएं।

मेरे सहकर्मी ने जब यह विचार कहीं पढ़ा, तो उनकी स्थिति बड़ी विचित्र हो गई। उन्हें काफी दिनों से लग रहा था कि उनके साथ कोई सड़क दुर्घटना होने वाली है और उन्हें बहुत चोट आएगी। किसी विचारक की पुस्तक में जब पढ़ा कि मनुष्य की सोच का उसके वास्तविक जीवन पर प्रभाव पड़ता है, तो उन्होंने प्रण किया कि उक्त विचार से मुक्ति पा लेंगे, लेकिन वह बताते हैं कि उन्होंने जितना सोचा कि यह विचार न आए, विचार उतने ही बल से उन्हें जकड़े रहा। पहले से भी ज्यादा उनके दिमाग में यह बात घूमने लगी। मनोवैज्ञानिक की भाषा में इसे 'लॉ ऑफ रिवर्स इफैक्ट' कहते हैं। अगर कोई विचार आपके मन में आता है, तो उसे दबाव से रोकें नहीं, विरोध न करें, चलने दें। व्यस्त हो जाएं। भूल जाएं कि आपके दिमाग में ये विचार आ रहा है, बल्कि उस विचार को महत्व ही न दें। धीरे-धीरे कुछ दिनों बाद आप महसूस करेंगे कि वह विचार स्वयं ही लुप्त हो गया है। भय का वास्तव में कोई अस्तित्व ही नहीं है। विवेकानंद कहते थे, ''भय केवल हमारी कल्पना की उपज है।'' इसी संदर्भ में अमेरिका के प्रसिद्ध विचारक स्वेट मार्डेन लिखते हैं, ''यह अपने साथ अन्याय है, एक भयंकर बात है कि जब हम किसी कष्ट में फंसते हैं और जब हमें अपनी मानसिक शक्ति का अणु-अणु और इच्छाशक्ति का प्रत्येक अंश अपनी सहायता में लगा देना चाहिए, तब हम अपने सबसे बड़े शत्रु भय के शिकार बन जाते हैं।'' जेम्स ऐलन ने भी लिखा है, ''भय मानव की इच्छाशक्ति को नष्ट कर देता है।'' जहां भय होगा, वहां इच्छाएं टिक ही नहीं सकतीं, क्योंकि भय चीख-चीखकर कहेगा कि तुम कभी सफल नहीं हो सकते। आप डरेंगे, तो वह और डराएगा कि अगर तुम सफल न हुए तो लोग क्या कहेंगे ? वह आपके पूरे आत्मविश्वास को चूस लेगा और आप शक्तिहीन हो जाएंगे। आप जब-जब भी असफलता के विषय में सोचेंगे, असफल ही होंगे। नेपोलियन भी कहते थे, ''जिसे हारने का भय हो, वह अवश्य हारेगा।'' अगर आप सत्य पर चल रहे हैं, तो आपको किसी से भी डरने की आवश्यकता नहीं है। वे लोग समाज में कभी सम्मान नहीं पाते, जो इस भय से कार्य शुरू करते हैं कि कहीं असफल न हो जाएं। डर एक वहम है। कोई भी कार्य प्रारंभ करने से पूर्व अपने भय को दूर रख दीजिए। प्रसिद्ध विचारक एमर्सन भय दूर करने का सरल उपाय बताते हैं, ''जिन कार्यों से तुम डरते हो, उन्हें करो। भय की मृत्यु निश्चित हो जाएगी।'' यह बात मेरी अनुभव सिद्ध है। बचपन में मुझे अंधेरे से भय लगता था। मेरी मां ने मुझे तरह-तरह के बहाने करके अंधेरे में भेजना शुरू किया। पहले वह मेरे साथ जाती थीं। बाद में उन्होंने मुझे अकेले जाने के लिए प्रेरित किया और अब मुझे अंधेरे से किसी प्रकार का

भय नहीं लगता। अगर प्रारंभ में ही मेरी मां मेरे उस भय को दूर न करतीं, तो संभवतः मैं आज आपसे कहती कि अंधेरा बहुत भयावह होता है।

हमें किसी वस्तु, व्यक्ति या भाव से डर तब तक लगता है, जब तक हम उससे परिचित नहीं हैं। इमरसन के शब्दों में, ''भय सदा अज्ञानता से उत्पन्न होता है।'' जब हम उस वस्तु का भली प्रकार परिचय प्राप्त कर लेते हैं, तो हमारा भय समाप्त हो जाता है।

कई लोग कहते हैं कि मुझे डर लग रहा है, मगर कारण नहीं पता, या कुछ लोग छोटी-छोटी बात पर सहम जाते हैं। अभी अच्छे भले थे। दो ही दिन में वजन कम हो गया। भूख लगनी बंद हो गई। ऐसा लगता है कि पेट में भूख लगी है, मगर भोजन मुंह में ले जाते हैं, तो मितली होने को होती है। बार-बार टायलेट जाना पड़ता है। रोने को मन करता है। कार्य में मन नहीं लगता। ऐसे में अगर पूछा जाए कि क्या हुआ है, तो एक ही उत्तर मिलता है, ''पता नहीं।'' ऐसे में एकांत में कुर्सी पर बैठ जाइए। अपने शरीर को ढीला छोड़िए। रोने का मन है, तो रो लीजिए। विचार कीजिए कि क्या सच में आपको अपने भय का कारण नहीं मालूम। नहीं, ऐसा नहीं हो सकता। आपको मालूम है कि आपके भय का क्या कारण है, मगर वह कारण अस्पष्ट है। कारण बहुत छोटा भी हो सकता है। कारण ऐसा भी हो सकता है, जिसे आप किसी दूसरे को कहने में झिझकते हों। उस छोटे से कारण को भी नजरअंदाज न कीजिए। कारण अगर आपके सामने है, तो भय का इलाज संभव हो जाएगा। इमर्सन लिखते हैं, ''कारण और उसका प्रभाव, साधन तथा लक्ष्य, बीज और फल एक दूसरे से अलग नहीं किए जा सकते, क्योंकि कारण में ही उससे होने वाला प्रभाव छिपा रहता है, साधन में उसका लक्ष्य पहले से निहित रहता है और फल बीज में स्थित रहता है।'' यहां जैसे भय के शरीर पर प्रभाव बताए गए हैं, अगर आप ऐसी ही स्थिति से गुजर रहे हैं, तो निश्चित रूप से आपको मनोचिकित्सक की जरूरत है। देर न कीजिए। स्थिति ज्यादा गंभीर है और आप स्वयं उससे उबरने में सक्षम नहीं हो रहे हैं, तो निःसंकोच चिकित्सक की सहायता ले लीजिए।

फिर भी इतना याद रखें, आपका भय कोई दूसरा व्यक्ति दूर नहीं कर सकता। आप भयभीत हैं, परेशान हैं, तो इससे छुटकारा आपको स्वयं के प्रयास ही दिलाएंगे। दूसरे व्यक्ति आपको सलाह दे सकते हैं, किंतु प्रयत्न तो आपको ही करना पड़ेगा।

जरा-जरा सी बात पर डरने की आदत छोड़िए। स्वयं को साहसी बनाइए, आत्मविश्वासी बनाइए। आपके विचार उत्साह से भरे हुए होने चाहिए। आपकी सोच सकारात्मक होनी चाहिए। जीवन के प्रति आप जितने आशावादी होंगे, जीवन आपको उतनी

ही उपलब्धियों से सम्मानित करेगा। कम सोचें, अच्छा सोचें। सदैव सफलता का ही चिंतन करें। आपके मन के प्रत्येक कोने से सफलता की ही गूंज उठनी चाहिए।

नकारात्मक भावों में एक भाव ईर्ष्या भी है। दूसरे की उन्नति देखकर जलना ही ईर्ष्या कहलाती है। ईर्ष्या से मानसिक शक्ति भंग हो जाती है, जिससे हम अपने कार्य के प्रति पूरी तरह ईमानदार नहीं रह पाते। हम जो समय व्यर्थ की ईर्ष्या में गंवाते हैं, वह हम अपने कार्य में लगाकर सफलता प्राप्त कर सकते हैं। ईर्ष्या कार्यकुशलता, शांति और संतुलन को भंग कर देती है। ईर्ष्या व्यक्ति तब करता है, जब उसका स्वयं पर से विश्वास उठ जाता है। *अगर आपको स्वयं की शक्तियों पर विश्वास होगा, तो आपको अपनी सफलता में संशय ही नहीं रहेगा।* जब आपको अपनी सफलता पर ही दृढ़ विश्वास है, तो दूसरे की उन्नति देखकर आपके मन में ईर्ष्या का भाव आ ही नहीं सकता। यदि आपमें आत्मविश्वास है, तो दूसरे की सफलता से आपको प्रेरणा मिलेगी, ईर्ष्या भाव नहीं। अपने विचारों को शुद्ध कीजिए।

समय-समय पर अपने मन की झाड़-पोंछ करते रहिए। अपने मन को संतुलित बनाइए। मानसिक अनुशासन बहुत जरूरी है। यह कठिन अवश्य है, किंतु इसके परिणाम बहुत सार्थक होते हैं। व्यर्थ के विचारों की भीड़ से बचिए कहीं ऐसा न हो कि आपका आत्मविश्वास उस भीड़ में कहीं खो जाए।

अपनी शक्तियों पर विश्वास रखिए। स्वयं पर भरोसा रखिए। आत्मविश्वास ही सफलता की मुख्य कुंजी है।

मन को मजबूत बनाएं। आशावान बनें, क्योंकि जहां कोई आशा नहीं होती, वहां कोई प्रयत्न नहीं हो सकता। आपकी सकारात्मक सोच ही आपको सफलता की ओर ले जाएगी।

संघर्ष–आत्मविश्वास की जरूरत

संघर्ष ही जीवन है। संघर्ष और जीवन की कठोरताएं ही व्यक्ति को आत्मविश्वासी बनाती हैं। जिस व्यक्ति ने जीवन में जितना संघर्ष किया होगा, वह उतना ही आत्मविश्वासी होगा।

गति और स्पंदन ही जीवन के अस्तित्व को बोध करवाते हैं। यह गति और स्पंदन एक शक्ति के द्वारा संचालित होते हैं, जिसे हम आत्मविश्वास कहते हैं। साधारण जीवन के स्पंदन को अनुभव तो करते हैं, मगर वास्तविक जीवन, तो आत्मविश्वासी व्यक्ति ही जीते हैं।

जीवन की कठोरताओं के धरातल पर नंगे पांव साहस से चलने का कठिन कार्य तो आत्मविश्वास की शक्ति के द्वारा ही पूरा हो सकता है। जहां संघर्ष नहीं है, वहां आनंद की कल्पना नहीं की जा सकती। कठोर परिश्रम और संघर्ष के बाद ही मीठी गहरी नींद के सुखद अनुभव का आनंद लिया जा सकता है।

निःसंदेह जीवन कंटकाकीर्ण है। पग-पग पर बाधाएं हैं। प्रत्येक व्यक्ति के जीवन की अपनी-अपनी विवशताएं और समस्याएं हैं, परंतु *आत्मविश्वासी व्यक्ति अपने रास्ते के अवरोधों को अपने बल पर स्वयं हटाता है, समस्याओं के पत्थरों को हटाता है, विकट परिस्थितियों के झंझावातों को सहन करता है और श्रेष्ठ व्यक्तियों की श्रेणी में परिगणित किया जाता है।* प्रतिष्ठा जिनके चरणों का अभिषेक करती है, वे छोटे-बड़े संघर्षों की परवाह न करते हुए लगातार अपने कार्य में संलग्न रहते हैं।

जिसने अपनी मानसिक शक्तियों को दृढ़ बना लिया, वह जीवन के अभावों की परवाह नहीं करता। परिस्थितियों का रोना तो वही होते हैं, जिनमें आत्मविश्वास की कमी होती है। एक आत्मविश्वासहीन व्यक्ति जीवन में कभी सफल नहीं हो सकता। वह किन्हीं विशेष परिस्थितियों में पैदा होता है, उसी में बढ़ता और संस्कार ग्रहण करता है, उन्हीं के अनुसार व्यवहार करता हुआ, वैसी ही परिस्थितियों में वह अपना जीवन समाप्त कर देता है। वह जीवन के महत्त्वपूर्ण अवसरों से स्वयं चूकता

है, मगर दोषारोपण दूसरों पर करता है। परिस्थितियों को बदलने के बजाए वह परिस्थितियों को कोसने तक ही सीमित रह जाता है। अभावों से उभरने की बजाए, वह अभावों के आगे झुक जाता है और पूरी प्रक्रिया में स्वयं की कमियों को एक तरफ रखकर भाग्य की निंदा करता है। वह भूल जाता है कि संघर्ष के बिना सफलता नहीं मिल सकती। अपने आत्मविश्वास द्वारा विपरीत परिस्थितियों को भी अनुकूल बनाया जा सकता है। अभावों, समाज का तिरस्कार या आर्थिक पंगुता के आगे घुटने टेकने से सफल नहीं हुआ जा सकता।

आज तक जितने भी व्यक्ति हुए हैं, उनके जीवन का अध्ययन कीजिए, आप निःसंदेह उनके संघर्षों को देखकर कह उठेंगे कि वे वास्तव में सफलता के अधिकारी थे। उनके आत्मविश्वास और दृढ़ विश्वास के आगे विपरीत परिस्थितियों ने भी अपनी दिशा बदल ली।

> यह आत्मविश्वास के द्वारा ही तो संभव होता है कि एक बहरा व्यक्ति उच्च कोटि का संगीतज्ञ बन जाए। उसका आत्मविश्वास ही उसे प्रेरित करता है। बीमारियों ने उसके शरीर को तोड़ दिया, मगर उसके मन को उसके विश्वास को वे परास्त न कर सकीं। उसे पर्याप्त स्कूली शिक्षा नहीं मिली। उसके परिवार में तनाव रहता था। पिता शराबी थे। 22 वर्ष की आयु में ही वह अनाथ हो गया। 25 वर्ष की आयु में उसे कानों की बीमारी हो गई और 32 वर्ष तक वह पूर्णतः बहरा हो गया। संगीत के क्षेत्र में प्रतिष्ठा प्राप्त करने वाले, यूरोपीय संगीत को सिम्फनियों से सजाने वाले इस संगीतज्ञ का नाम था, लुडविग बान बीथोविन। बीथोविन ने आजीवन विवाह नहीं किया। शायद उसके मन पर भी निराशा के बादल छाए थे। इसलिए वह अपने बहरेपन के कारण दो वर्ष तक किसी से नहीं मिला और उसने समारोह आदि में भी शामिल होना छोड़ दिया। उसने लिखा, ''मैं लोगों से जोर से बोलने या चीखने को नहीं कह सकता, क्योंकि मैं लोगों को यह नहीं बताना चाहता कि मैं बहरा हूं।'' ऐसा संगीतकार जो अपनी ही बनाई हुई धुनों को सुन नहीं सकता था, उसकी सफलता का एकमात्र राज उसका आत्मविश्वास ही था। बीथोविन के जीवन में निराश होने के कोई क्षण आए होंगे, मगर वह उनसे उभरने की कला जानता था। वह नियमित डायरी लिखता था। उसने लिखा, ''हे ईश्वर! मुझे शक्ति दो कि मैं अपने से ऊपर उठ सकूं। जिंदगी के साथ बांधने वाली कोई शर्त नहीं होनी चाहिए। अपने को फालतू विचारों से दूर रखने का एक उपाय है, काम करना शुरू कर दीजिए। किसे पता है कि मेरी अंदरूनी हालत

क्या है और मैं अपना काम कैसे करता हूं। मुझे इस संकट से मुक्ति मिलनी चाहिए।''

बीथोविन ने अपनी वसीयत में अपनी सफलता का राज आत्मविश्वास और धैर्य बताते हुए स्पष्ट लिखा है, ''इस समय मेरी सबसे बड़ी जरूरत धैर्य है। सिर्फ धैर्य ही मेरा मार्ग प्रशस्त कर सकता है । मैं समझता हूं कि मेरे पास धैर्य की कमी नहीं है। मैं जब तक जिंदा रहूंगा, इसी तरह काम करता रहूंगा, जब तक मेरी जीवन डोर टूट नहीं जाती, लेकिन हो सकता है कि मैं ठीक हो जाऊं, हो सकता है कि मैं न ठीक होऊं, जिसके लिए मैं तैयार हूं।''

अगर कहा जाए कि बीथोविन ने अपने जीवन के संघर्षों को सहज स्वीकार कर लिया था, तो कोई अतिशयोक्ति नहीं होगी। उसकी सफलता पर आश्चर्य नहीं किया जा सकता। बिना श्रवण शक्ति के अपनी बनाई धुन को प्रस्तुत करना उसके आत्मविश्वास का ही परिचायक है।

जीवन के किसी भी क्षेत्र में शिखर पर पहुंचने के लिए दृढ़ संकल्प, उद्दाम जिजीविषा, कठोर परिश्रम, संघर्ष और आत्मविश्वास की जरूरत होती है। संघर्षों से जूझने वाले व्यक्ति ही इतिहास के पन्नों पर स्थान पाते हैं। ऐसे व्यक्ति दूसरों के लिए प्रेरणास्रोत बनते हैं। अपने आत्मविश्वास की शक्ति से वे दूसरों में भी विश्वास और हौसला पैदा कर देते हैं। ऐसे व्यक्ति सिद्ध कर देते हैं कि अगर हिम्मत और विश्वास है, तो पत्थरों में भी सांसें खोजी जा सकती हैं। असंभव को संभव कर दिखाने की यह शक्ति आत्मविश्वास से ही आती है।

पायलट अलेक्सेई मरेस्येव एक ऐसे ही व्यक्ति का नाम है, जिसके संघर्ष और विश्वास के आगे मृत्यु भी हार गई। ऐसे व्यक्तियों का नाम इतिहास में सदैव सुनहरे पन्नों पर लिखा रहेगा।

दूसरे विश्वयुद्ध के दौरान हिटलर ने 22 जून, 1941 को रूस पर आक्रमण किया, तो फासिस्ट ताकतों के खिलाफ रूस की बोल्शेविक जनता ने अदम्य शक्ति का परिचय दिया। उस समय अलेक्सेई मरेस्येव सोवियत वायुसेना में लेफ्टिनेंट था। सर्दियों के दिन थे। मरेस्येव की कमान में लड़ाकू हवाई जहाजों का एक दस्ता भेजा गया, जिसका कार्य अग्रिम दस्ते की सुरक्षा करना था। मरेस्येव ने दो विमान मार गिराए, परंतु इसी बीच उसका गोला-बारूद समाप्त हो गया। जल्दी ही उसका विमान जर्मन गोलियों का शिकार हो गया। विमान में छेद हो गए। इंजन बंद

हो गया। विमान गिरने लगा। गिरते समय मरेस्येव का विमान चीड़ के शिखरों से टकराया और मरेस्येव विमान से बाहर बर्फ में जा गिरा। अलेक्सेई मरेस्येव निर्जन बर्फीले क्षेत्र में अचेत पड़ा था। जब होश आया, तो उसने अपने पांवों में भयानक पीड़ा अनुभव की। उसने खड़े होने का प्रयास किया, मगर असफल रहा। तभी उसने देखा कि उसके सामने एक भालू बैठा है। भालू ने अपने पंजों से उसके शरीर को पलट दिया और उसकी वर्दी को फाड़ने लगा, तभी मरेस्येव ने जेब से पिस्तौल निकाली और गोली चला दी। भालू ढेर हो गया, मगर अलेक्सेई भी पुनः बेहोश हो गया। जब होश आया, तो उसे अपने जीवित होने का अहसास हुआ। उसने महसूस किया कि उसके दोनों पैर बेकार हो चुके थे। वह अपनी सेनाओं से 35 कि.मी. दूर था, लेकिन बिना पैरों के यह कम दूरी भी उसके लिए बहुत ज्यादा थी। वह लुढ़कता-घिसटता रहा। उसने आस-पास कई क्षत-विक्षत लाशों को देखा। एक नर्स की लाश से उसे एक किलो गोश्त का बड़ा टिन मिल गया। तीन दिन वह घिसटता रहा और गोश्त का भोजन लेता रहा। अब उसके पास गोश्त समाप्त हो चुका था, मगर यात्रा शेष थी। उसे जर्मन सैनिकों की लाश के पास एक कटार मिली। वह किसी नए वृक्ष की छाल छील कर खा लेता। बर्फ के नीचे दबी नर्म हरी काई को भी खाने लगा। यही उसका भोजन था। यही नहीं एक दिन वह भूख से व्याकुल था। उसने चींटियों की एक विशालकाय बांबी देखी। उसने बांबी में हाथ डालकर चींटियां खाना शुरू कर दिया। चलते-चलते कई दिनों बाद वह एक ऐसी जगह पहुंचा, जहां वृक्षों की ताजी कटाई हुई थी। उसने सोचा संभवतः जर्मन सैनिकों ने ईंधन जमा करने के लिए यह कटाई की होगी, लेकिन उसके पास इतनी शक्ति नहीं थी कि वह किसी सुरक्षित स्थान पर छिप जाता। तभी कुछ रूसी व्यक्ति वहां से निकले, तो अलेक्सेई ने उन्हें अपनी पूरी कथा सुनाई। वह अठारह दिन तक रेंगता हुआ यहां पहुंचा था।

मरेस्येव मौत के मुंह से बच निकला था, मगर उसकी दोनों टांगें काट देनी पड़ीं। मरेस्येव जैसे जांबाज के लिए अपाहिजों की तरह जीवन-जीना संभव न था। उसके दिमाग में गोर्की की पंक्ति बार-बार घूमने लगी, ''जो रेंगने के लिए पैदा हुआ, वह उड़ नहीं सकता।'' अलेक्सेई विमान चालक था। वह किसी भी कीमत पर विमान चालक ही बना रहना चाहता था। अब विचार कीजिए कि बिना पैरों के विमान चलाना कैसे

संभव हो सकता था, लेकिन अलेक्सेई निराश होने वालों में से नहीं था। वह वीरों की तरह जीना चाहता था। संघर्ष से वह डरता न था। जल्दी ही अपने आत्मविश्वास और साहस के बल पर कृत्रिम पैरों से नृत्य करना सीखा। संघर्षों से जूझते हुए उसने वायुयान चलाने का भी फिर से अभ्यास कर लिया। बिना पैरों के हवाई जहाज उड़ाने की अनुमति लेना भी कम मुश्किल न था, मगर उसके आत्मविश्वास और दृढ़ इच्छाशक्ति का ही परिणाम था कि उसे डॉक्टरों ने ही नहीं, बल्कि संगठन विभाग के कमीशन ने भी अनुमति दे दी। मरेस्येव को सोवियत संघ के वीर का स्वर्ण सितारा की उपाधि मिली।

मरेस्येव जैसे साहसी और आत्मविश्वासी लोगों के लिए कुछ भी असंभव नहीं होता। जीवन में अगर आगे बढ़ना है, तो यह न सोचें कि क्या मैं यह कर पाऊंगा ? बल्कि इस बात में विश्वास रखें कि मेरे कठोर संघर्षों के आगे असफलता टिक ही नहीं पाएगी।

संसार में ऐसे व्यक्तियों की कमी नहीं है, जिन्होंने आदर्श जीवन जीया। उनके जीवन से प्रेरणा लें। उन्हें अपना गुरु मानें और अभी से संघर्षों के लिए सदैव तैयार रहने का संकल्प कर लें। जो लोग यह सोचते हैं कि पता नहीं उन्हें सफलता मिलेगी या नहीं, वे लोग अप्रत्यक्ष भय से संघर्षों से ही डरते हैं। याद रखें कि यदि आप कुंदन की तरह चमकने की आकांक्षा रखते हैं, तो उसके लिए संघर्षों के ताप में तपना ही पड़ेगा।

गांधी जी के अनुसार, सब कठिनाइयों और बाधाओं के बावजूद सही मार्ग का परित्याग न करने वाला व्यक्ति अनुशासित होता है और किसी भी कैरियर या अन्य क्षेत्र में अपने आपको बुलंदियों तक पहुंचा सकता है।

आत्मविश्वास बढ़ाती है तत्काल निर्णय लेने की शक्ति

एक कंपनी के लिए होने वाले साक्षात्कार में एक व्यक्ति से इस तरह साक्षात्कार लिया गया :

प्रश्नकर्ता : आपकी कमीज में कितने बटन हैं ?

युवक : चार या पांच। (तत्काल उत्तर)।

प्रश्नकर्ता : अगर ऊपर का एक बटन टूट कर कहीं गिर जाए, तो क्या करेंगे ?

युवक : सबसे नीचे का बटन उतार कर ऊपर लगा लूंगा। (तत्काल उत्तर)।

प्रश्नकर्ता : क्यों ?

युवक : नीचे वाला बटन तो पैंट में छिप जाता है। उसकी जगह कोई भी दूसरे रंग या डिजाइन का बटन लग सकता है। (तत्काल उत्तर)।

प्रश्नकर्ता : अगर ऊपर का बटन फिर गुम हो जाए तो ?

युवक : पूरी कमीज के बटन बदल लूंगा। (तत्काल उत्तर)।

प्रश्नकर्ता : ठीक है, आप कल से ही सर्विस ज्वाइन कर लीजिए।

युवक : धन्यवाद।

इस युवक के साथ ही उसके कई मित्र भी इंटरव्यू देने गए थे। जब इस युवक ने उन्हें साक्षात्कार में हुए वार्त्तालाप को सुनाया, तो मित्रों ने सीधा कहा कि जरूर तुम्हारी सिफारिश की गई है, क्योंकि उसके मित्रों का कहना था कि उनसे कठिन प्रश्न पूछे गए थे और उन्होंने उत्तर भी ठीक दिए थे। मगर यह सत्य है कि इस युवक की किसी ने किसी तरह की सिफारिश नहीं की थी।

अकसर युवकों को ऐसे भ्रम हो जाते हैं। वे अपनी असफलता और दूसरे की सफलता के पीछे प्रशासन को दोष देने लगते हैं कि भ्रष्टाचार का दौर है। सिफारिश या रिश्वत बिना नौकरी ही नहीं मिलती। क्या फायदा पढ़ने-लिखने का। वे यह भूल जाते हैं कि पढ़ने-लिखने का लाभ तभी होगा, जब आप अपनी मानसिक शक्तियों को भी प्रबल बनाएंगे। उक्त कंपनी में किसी ऐसे व्यक्ति को ही नौकरी पर रखा जाना था, जिसकी निर्णय लेने की शक्ति प्रबल हो। जो तत्काल निर्णय ले सके। उस युवक से किए गए वार्त्तालाप से उसकी तत्काल निर्णय लेने की योग्यता का स्पष्ट बोध हो गया और उसका चयन कर लिया गया। जहां भी नौकरी के लिए साक्षात्कार का प्रावधान होता है, वहां उम्मीदवार से बातों ही बातों में उसकी मानसिकता का आकलन किया जाता है।

सफल होना चाहते हैं, तो तत्काल निर्णय करना सीखिए। क्या करना चाहिए, क्या नहीं करना चाहिए, इस बात के लिए आपको पूरी तरह आश्वस्त होना चाहिए। आप किसी कार्य को प्रारंभ करते हैं, लेकिन बीच में ही सोचते हैं कि नहीं, अभी उचित समय नहीं आया और काम छोड़ देते हैं। यह आपके निर्णय न कर पाने का ही लक्षण है। निर्णय न कर पाना भी आत्मविश्वास की कमी का ही द्योतक है। आत्मविश्वास की कमी व्यक्ति को अनिश्चय का रोगी बना देती है। इस अनिश्चय की स्थिति के कारण कुछ लोग काम शुरू करते हैं और बीच में ही छोड़ देते हैं, तो कुछ व्यक्ति सिर्फ हवाई किले ही बनाते रह जाते हैं। उनमें इतना आत्मविश्वास ही नहीं होता कि किसी कार्य को शुरू कर सकें। मनोवैज्ञानिक मानते हैं कि जब कोई व्यक्ति निर्णय करके लगातार अपने किए हुए निर्णय का मूल्यांकन ही करता रहता है, तो समझ लेना चाहिए कि उसकी मानसिक शक्तियां कमजोर हैं और उसमें आत्मविश्वास की कमी है।

संभव है यह अनिश्चय का रोग आप भी पाल रहे हैं। अगर ऐसा है, तो अभी जाग्रत हो जाइए। हो सकता है अभी-अभी आपके रोग की शुरुआत हुई हो। रोग के प्रारंभ में ही रोग का उपचार करना आसान होता है।

रोग की पहचान

आप बाजार जाते हैं। आपको एक कमीज खरीदनी है। आप एक कमीज खरीदने के लिए बाजार में सभी कपड़ों की दुकानें देख आते हैं। आपको कोई कमीज पूरी तरह पसंद नहीं आती। एक कमीज आपको पसंद तो आती है, लेकिन फिर आप सोचते हैं कि कहीं इसका रंग न उड़ जाए। आप अपना संशय दुकानदार को बताते हैं। दुकानदार आपको आश्वासन देता है और आप कमीज खरीद लेते हैं। घर आकर आपको फिर लगता है कि ऐसे ही पैसे बर्बाद कर दिए। आप अपने मित्रों से भी

कमीज के बारे में राय लेते हैं। कुछ उसकी तारीफ करते हैं और कुछ क्वालिटी पर संशय करते हैं। अंततः आप सोचते हैं कि आपने कीमज खरीद कर ठीक नहीं किया। आप परेशान हो जाते हैं।

हालांकि यह उदाहरण बड़ा साधारण है, किंतु अगर इसी तरह छोटे-छोटे कार्यों में भी आप अपने निश्चय पर विश्वास नहीं कर पाते, तो विचार कीजिए, जब किसी महत्वपूर्ण कार्य संबंधी निश्चय करने का अवसर आएगा, तो आप क्या करेंगे ? आपकी मानसिक स्थिति ढुलमुल है। आप ठीक तरह निर्णय नहीं ले पाते।

मेरे एक लेखक मित्र हैं। नाम लेना उचित नहीं। इस समय हिंदी लेखकों में उनका अच्छा स्थान है, लेकिन अकसर यह कहते मिल जाएंगे कि मैंने लेखन में हिंदी भाषा का चुनाव करके ठीक नहीं किया। आज तो अंग्रेजी लेखकों का जमाना है। अंग्रेजी के लेखक जिस रचना के 1000 रुपये लेते हैं, हमें उसके 200 रुपये ही मिलते हैं। उनका प्रचार भी ज्यादा होता है। अगर मैं अंग्रेजी का लेखक होता, तो अब तक अंग्रेजी साहित्य में धूम मचा दी होती। अब यह भी एक प्रकार की आत्मविश्वास में कमी ही तो है। अगर आप अच्छे लेखक हैं, आपकी शैली अच्छी है, आपकी विचारधारा स्पष्ट है, तो भाषा का कोई माध्यम क्यों न हो आपको सफलता अवश्य मिलेगी। मैं उन्हें कहती हूं कि अगर आपको भाषा का चुनाव ठीक नहीं लगता, तो आप अब बदल लीजिए। इस पर वह कहते हैं कि अब तो हिंदी लेखक का ठप्पा लग गया है। अब कैसे बदल सकता हूं ? मेरे इस मित्र और उन तमाम पाठकों को यह सलाह है कि वे ऐसी अनिर्णय की स्थिति से ऊपर उठें। जो भी कार्य करें, पूरे आत्मविश्वास से करें।

अनिर्णय की स्थिति से ही कई लोग अधूरे मन से कार्य प्रारंभ करते हैं। जब कार्य की शुरुआत ही अधूरे मन से की है, तो कार्य की पूर्णता पर भी स्वतः प्रश्नचिन्ह लग जाता है। कई छात्रों को परीक्षा का बुखार चढ़ जाता है। यह बात नहीं कि जो छात्र परीक्षा से डरते हैं, वे योग्य नहीं होते। अच्छे-अच्छे योग्य छात्र भी परीक्षा के नाम से भयभीत हो जाते हैं। इसके पीछे भी अनिर्णय की स्थिति और आत्मविश्वास की कमी ही होती है। अब एक छात्र की अनिर्णय की स्थिति किस प्रकार उसे भयभीत करके उसके आत्मविश्वास को निचोड़ लेती है, इसका दृष्टांत देखिए।

एक दसवीं कक्षा का छात्र है। परीक्षा के दिन नजदीक आ रहे हैं। अभिभावक पढ़ने पर जोर दे रहे हैं। वह स्वयं भी पढ़ने में रुचि रखता है और अच्छे अंक लेना चाहता है। वह अंग्रेजी की किताब पढ़ना शुरू करता है। तभी उसे ध्यान आता है कि भूगोल का तो अभी सिलेबस भी पूरा नहीं हुआ। वह अंग्रेजी की किताब बंद कर, भूगोल की पुस्तक उठा लेता है। अभी पढ़ना शुरू ही किया था कि याद आता है कि कल

गणित का टेस्ट भी होना है। वह भूगोल छोड़कर गणित पढ़ने लगता है, मगर फिर याद आता है कि साइंस में परिभाषाएं तो रोज याद करनी होंगी, नहीं तो इम्तहान तक भूल ही जाएंगी। इसलिए वह पहले परिभाषाएं याद करने की ठान लेता है, लेकिन उसमें भी मन नहीं लगा पाता और हिंदी की किताब के पन्ने पलटने लग जाता है।

अब इस छात्र को देखने वाला यही कहेगा कि वह एक घंटे से पढ़ रहा है, मगर सच्चाई यह है कि वह एक घंटे से किताबों में भटक रहा है। वह यह निर्णय ही नहीं कर पाता कि उसे क्या पढ़ना चाहिए। अब ऐसी स्थिति में इस छात्र में परीक्षा के दिनों में आत्मविश्वास की कल्पना कैसे की जा सकती है। यह छात्र भी अनिश्चय का रोगी है।

संस्कृत के प्राचीन ग्रंथों में एक उक्ति बार-बार आती है, ''आत्मदीपो भव'', यानी अपना प्रकाश स्वयं बनो, या कह सकते हैं कि अपनी आत्मा को ही दीप बनाओ। बौद्ध धर्म में बुद्ध ने इसी में संशोधन करके पालि भाषा में लिखा, ''अत्त दीपा विहरथ'' यानी अपने प्रकाश में विहार करो, दूसरे के भरोसे नहीं, या यूं कहिए कि अपने निर्णय स्वयं लो। आपमें पूरी योग्यताएं हैं, पूरी शक्तियां हैं, फिर अपने जीवन के छोटे-छोटे निर्णय लेने में क्यों हिचकिचाते हैं ? तत्काल निर्णय लें।

तत्काल निर्णय लेने की आदत बनाइए। इस आदत का विकास आप छोटे-छोटे कार्यों में अपने लिए गए निर्णयों पर विश्वास करके कर सकते हैं। आपको किसी पार्टी में जाना है। जो ड्रैस आपको पहननी है, उसका तत्काल निर्णय ले लीजिए। अगर कोई सुझाव देता है, तो उसके सुझाव को मानना है या नहीं, इसका भी शीघ्र निर्णय लीजिए। अकसर कुछ लोग किसी पार्टी में एक घंटे के लिए जाते हैं, मगर दो घंटे वस्त्रों के चुनाव में ही लगा देते हैं।

बाजार जा रहे हैं, तो पहले ही निश्चित कर लें कि क्या खरीदना है और किस तरह का खरीदना है। जब खरीदारी हो जाए, तो यह न सोचें कि ठीक किया या गलत। जो हो गया, वह ठीक है। अपने परिचितों से भी अपनी खरीदारी का ज्यादा मूल्यांकन न करवाएं। संभव है कि शुरू-शुरू में आप गलत निर्णय कर बैठें और आपका नुकसान हो जाए, मगर घबराएं नहीं, अभी तो आप ट्रेनिंग पर हैं। धीरे-धीरे आप शीघ्र निर्णय करने में दक्ष हो जाएंगे और आपके द्वारा लिए गए निर्णयों की सब सराहना करेंगे।

अनिश्चय की स्थिति तो उस यात्री की भांति है, जो बिना टिकट लिए ही रेलगाड़ी पर चढ़ गया है। उसे ज्ञात नहीं कि कहां जाना है। जहां टी.टी. ने उतार दिया, वहीं उतर जाएगा। जल्दी ही निर्धारित कीजिए कि आपके लक्ष्य क्या हैं ? अनिश्चय

रोग से ग्रसित व्यक्ति अपने जीवन का लक्ष्य निर्धारित करने में ही इतना समय व्यतीत कर देते हैं कि जीवन की दौड़ में पीछे रह जाते हैं।

कई गृहिणियां इस बात से परेशान रहती हैं कि वे खाने में क्या बनाएं ? वे इतनी छोटी-सी बात का निर्णय करने में ही इतना समय और ऊर्जा नष्ट कर देती हैं, जिसका अनुमान सहज नहीं लगा सकतीं। इतनी साधारण और रोजमर्रा की बात का निर्णय करना कोई कठिन कार्य नहीं है। कमी है, तो बस निर्णय शक्ति और आत्मविश्वास की।

जिस प्रकार पतंग बिना डोर के सहारे नहीं उड़ सकती, उसी प्रकार आत्मविश्वास के बिना सफलता की ऊंचाइयों को नहीं छुआ जा सकता। आत्मविश्वास तभी आएगा, जब आपको आपके निर्णयों पर पूरा विश्वास हो। फैसला करने की उधेड़-बुन में समय बर्बाद न करें। अपनी शक्तियों को सही दिशा दें। कितने ही युवक पूरी योग्यता होने के बावजूद अपना लक्ष्य निर्धारित न कर पाने के कारण ही जीवन-भर भटकते रहते हैं और कहीं भी नहीं पहुंच पाते। स्थिति तब बहुत निराशाजनक हो जाती है, जब व्यक्ति जीवन की दौड़ में मात्र इसलिए पिछड़ जाए कि उसकी निर्णय शक्ति कमज़ोर है। अपने जीवन में ऐसी स्थिति न आने दें।

आज से नहीं, अभी से अपनी शक्तियों को विकसित करने का प्रयास प्रारंभ कर दीजिए।

परिश्रम को दिशा दें

आत्मविश्वास अकसर छोटी-छोटी सफलताओं से ही पैदा होता है और इसमें कोई संदेह नहीं कि छोटी-छोटी सफलताएं बिना परिश्रम के अर्जित नहीं की जा सकतीं। बिना परिश्रम के व्यक्ति एक भी उपलब्धि हासिल नहीं कर सकता। जगह-जगह आपको ऐसे वाक्य लिखे मिल जाएंगे, "परिश्रम ही सफलता की कुंजी है।" या "परिश्रम के बिना कोई कार्य संभव नहीं हो सकता।" इस संदर्भ में इलियट और रूसो के कथनों पर भी विचार किया जा सकता है। इलियट लिखते हैं, "परिश्रमी व्यक्ति इस बात का हिसाब नहीं लगाते कि श्रेष्ठ शासन में कितने वर्ष लगते हैं।" रूसो का कथन है, "संयम और परिश्रम मनुष्य के दो सर्वोत्तम चिकित्सक हैं।" इन सब सत्यों के बावजूद समाज में ऐसे व्यक्तियों की कमी नहीं है, जो परिश्रम भी करते हैं, परंतु सफल नहीं हो पाते।

अगर आप थोड़ा-सा मार्ग से भटक गए, गलत गली में मुड़ गए, तो ठीक मार्ग पर आने के लिए बहुत लंबा चक्कर काटना पड़ता है। कोई अनजान गली या कोई भी मोड़ मुड़ने से पूर्व यह निर्धारित कर लेना ही उचित रहता है कि अमुक मोड़ ठीक रास्ते की ओर जाता है या नहीं। कैरियर के संदर्भ में भी यही बात सामने आती है। आपके आत्मविश्वास का धन आपके साथ है, किंतु इस धन को कहां-कहां खर्च करना है, इस बात का निर्धारण पहले ही कर लेना चाहिए, अन्यथा भटकना पड़ सकता है।

आप व्यापार शुरू करना चाहते हैं। सभी परिस्थितियां आपके प्रतिकूल हैं। आपके पास धन का अभाव है। आप जिस वस्तु का व्यापार करना चाहते हैं, मार्किट में उसकी आजकल डिमांड भी नहीं है। और तो और आपके पास कोई विश्वास पात्र सहयोगी भी नहीं है, किंतु आप हैं कि अड़े हुए हैं अपने आत्मविश्वास के साथ कि करना है, तो अमुक वस्तु का व्यापार ही करना है। आप मार्किट की डिमांड को नहीं देख रहे, अपनी परिस्थितियों को भी नजरअंदाज कर रहे हैं, तो आपका यह आत्मविश्वास आपको धोखा दे देगा। आप वही व्यापार कीजिए, जिसमें आपकी रुचि है, विपरीत परिस्थितियों से भी न डरिए, किंतु अपने विवेक को

तो मत गंवाइए। गलत दिशा में आप कितना भी परिश्रम करते जाइए, सफलता नहीं मिल सकती।

दिशा निर्धारित कर परिश्रम करें। अगर आपने अपनी दिशा ठीक कर ली, तो आपकी दिशा स्वतः ठीक हो जाएगी। एक विचारक ने कहा है, ''व्यस्त रहो, मस्त रहो, मगर अस्त-व्यस्त नहीं रहो।'' धन तो एक अनपढ़ व्यक्ति भी कमा लेता है, किंतु उसकी समस्या है कि उसे धन खर्च करना नहीं आता। इसी तरह कई परिश्रमी लोग परिश्रम भी करते हैं, किंतु सफल नहीं हो पाते, क्योंकि उन्हें उचित दिशा में परिश्रम करना नहीं आता। वे गलत दिशा में परिश्रम करते रहते हैं और सारे प्रयत्न गेंदे के पौधे उगाने के लिए करते हैं और अपेक्षा करते हैं कि गुलाब के फूल प्राप्त कर लें, जो कभी भी संभव नहीं हो सकता। पूरा वर्ष परिश्रम करने के बाद भी कुछ छात्र परीक्षाओं में मुश्किल से ही उत्तीर्ण हो पाते हैं, तो कुछ छात्र उनकी तुलना में परिश्रम कम करते हैं, किंतु उन्हें ज्यादा सफलता मिल जाती है। ऐसा भी देखने में आता है कि कोई व्यापारी थोड़े समय में कम परिश्रम करके ही सफलता अर्जित कर लेता है, किंतु दूसरे व्यापारी का पैतृक कार्य ही वही था, किंतु उसे सफलता नहीं मिलती। ऐसे उदाहरण देखकर अकसर लोग कहते हैं कि सब भाग्य पर निर्भर करता है यार बेचारे की किस्मत ही खराब है, मगर ऐसा कुछ भी नहीं है। यह सब गलत दिशा में परिश्रम करने का ही परिणाम है।

किसी भी कार्य में स्वयं को थका लेना परिश्रम नहीं होता। निश्चित उद्देश्य पर सोच विचार कर, रूपरेखा बनाकर, सुनियोजित ढंग से कार्य में रुचि लेकर परिश्रम किया जाए, तो ही सफलता मिलती है अन्यथा किया गया परिश्रम व्यर्थ चला जाता है और जब परिश्रम करने पर भी सफलता नहीं मिलती, तो व्यक्ति के आत्मविश्वास को धक्का पहुंचता है।

जिस कार्य में आपकी रुचि नहीं है, उस पर कितना भी परिश्रम करें, आपको अपेक्षित सफलता नहीं मिल सकती। मेरे एक जानकार की पुत्री 10वीं कक्षा तक बहुत होशियार थी। परिश्रमी भी थी और बुद्धिमान भी। कक्षा में हमेशा प्रथम आती थी, लेकिन 11वीं कक्षा में वह फेल हो गई। यद्यपि इस बार भी उसने परिश्रम किया था। परिवार वालों ने कहा कि पेपर ठीक से न जांचे गए होंगे। रीचैकिंग करवाई गई, किंतु परिणाम वही रहा। इसके पीछे जानते हैं क्या कारण था ? उस लड़की की रुचि राजनीतिशास्त्र और इतिहास में थी, किंतु 10वीं में अच्छे अंक आए थे, इसलिए परिवार की जिद के कारण उसे साइंस के विषय दिलवा दिए गए थे। हालांकि उसने परिश्रम किया था, किंतु रुचि के अभाव में उसे असफलता मिली। अकसर अच्छी-अच्छी प्रतिभाएं विपरीत दिशा में परिश्रम करने के कारण आयु भर असफलताओं के कारण कुंठित रहती हैं।

अभी जैसे मैंने ऊपर कहा कि कुछ छात्र पर्याप्त परिश्रम के बाद भी उत्तीर्ण नहीं हो पाते, इसके पीछे यही कारण होता है कि वे ठीक दिशा में परिश्रम नहीं करते। परीक्षा में उत्तीर्ण होने के लिए जिन प्रश्नों को याद करना अनिवार्य होता है, उन पर विशेष ध्यान देने के बजाए वे पूरी पुस्तकें ही रटते रहते हैं।

परिश्रम करने से पूर्व सबसे अधिक परिश्रम यह जानने में करें कि आपकी रुचियां किस प्रकार की हैं। आप अपने जीवन का उद्देश्य निर्धारित कीजिए। एक बार निर्णय कर लेने के बाद पूरे जोश में परिश्रम कीजिए। अपने उद्देश्य से संबंधित पूरी जानकारियां एकत्रित कीजिए। जो बनना चाहते हैं केवल उसी के विषय में सोचें। सदैव सफलता के विषय में सोचते हुए मेहनत कीजिए। मन में इस विचार को पुष्ट कीजिए कि आप सफल अवश्य होंगे। निश्चित रूप से आपका किया गया परिश्रम रंग लाएगा। सफलता का राज अथक परिश्रम और लगन ही है। यदि आपकी कार्य के प्रति लगन है और आप मेहनत से नहीं डरते, तो आप मनोवांछित सफलता अवश्य प्राप्त करेंगे।

परिश्रम के बल पर ही साधारण बुद्धि वाले व्यक्ति सफलता की ऊंचाइयों को छू लेते हैं और दूसरी ओर असाधारण प्रतिभा वाले व्यक्ति परिश्रम के अभाव में पिछड़ जाते हैं। अकसर प्रतिभाशाली युवक यह भ्रम पाल लेते हैं कि उन्हें जन्मजात प्रतिभा मिली है, इसलिए सफलता मिल ही जाएगी और वे परिश्रम करने पर बल नहीं देते। वे इस सत्य को भूल जाते हैं कि प्रतिभा किसी कार्य का प्रारंभ करवा सकती है, किंतु कार्य में दक्षता एवं सफलता तो परिश्रम से ही संभव है।

छोटे-छोटे कीट पतंगों से लेकर बड़े-बड़े जानवरों को भी अपने भोजन की प्राप्ति के लिए परिश्रम करना पड़ता है। भोजन करने और उसके पचाने के लिए भी शरीर को परिश्रम करना पड़ता है। आप मनोरंजन करना चाहते हैं, तो उसके लिए भी आपको परिश्रम करना पड़ता है, फिर यह सोचने की भूल क्यों करते हैं कि बड़ी-बड़ी सफलताएं आपको बिना परिश्रम के मिल जाएंगी ? क्यूं सोचते हैं कि कोई देवी चमत्कार होगा और सफलता आपके कदम चूमने लगेगी। ये उसी प्रकार हास्यास्पद स्थिति है, जैसे एक बिल्ली मुंह खोलकर इस आशा में बैठ जाए कि उसका शिकार अपने आप उसके मुंह में आ जाएगा।

अभिभावकों को चाहिए कि वे बच्चों में बचपन से ही परिश्रम करने की आदत डालें। उनके दिमाग में यह बात बैठा दें कि बिना परिश्रम किए समाज न तो उन्हें सम्मान देगा और न ही सफलता।

उचित दिशा में परिश्रम करें। आपके मित्रों के सुझाव आपको भटका सकते हैं, लेकिन आप अपने विवेकानुसार निर्धारित दिशा में परिश्रम करते रहेंगे, तो आपकी योग्यता

भी बढ़ेगी और आत्मविश्वास भी जागेगा। कई बार किसी सफल व्यक्ति को देखकर यह भ्रम हो सकता है कि इसे सफलता बिना परिश्रम के मिल गई, क्योंकि अकसर सफल व्यक्ति सफलता से पूर्व अपने परिश्रम का ढिंढोरा नहीं पीटते। वे तो छिपे रुस्तम होते हैं। उनके परिश्रम और लगन की कहानी आपको उनके नजदीकी लोगों से मिल सकती है, जिन्होंने उन्हें परिश्रम की अग्नि में तप कर कुंदन होते हुए देखा है। जितने भी महान् लेखक या आविष्कारक हुए हैं, उनकी आत्मकथाएं पढ़ेंगे, तो आपको उनकी दिनचर्या जानकर आश्चर्य होगा कि वे लोग आधी-आधी रात को उठकर अपनी साधना में बैठ जाया करते थे। उनका अपने कार्य के प्रति जुनून था। उनके पास सभी कार्यों के लिए समय होता था। वे मनोरंजन को भी समय देते थे। सामाजिक कार्यों में भी भाग लेते थे। अपने छोटे-छोटे कार्य स्वयं करते थे, मगर अपने उद्देश्य को आंख से ओझल नहीं होने देते थे। आखिर इतना समय कहां से आता था ? उनके पास इतना समय इसलिए होता था, क्योंकि उन्होंने अपने परिश्रम को निश्चित दिशा दी हुई थी। उचित दिशा में परिश्रम करने से समय की काफी बचत हो जाती है।

परिश्रम करने के बाद कभी भी ये मत कहिए कि मैंने आज बहुत मेहनत की है, इसलिए मैं थक गया हूं, क्योंकि जैसे ही आपने वाणी से थकान की घोषणा की आपका शरीर और मन भी थकान महसूस करने लगेगा। समय बर्बाद न कीजिए। अपने औजार तैयार कर लीजिए। बंजर भूमि आपकी प्रतीक्षा कर रही है। आपको अपने परिश्रम से उस भूमि में सभ्यता के फूल उगाने हैं। नई संस्कृति की फसल बोना है। एक नन्हें से वट-बीज में विशाल बरगद को पैदा करने की शक्ति छिपी होती है। आप भी वट-बीज की भांति हैं। आपमें अपार शक्तियां छिपी हुई हैं। अपने परिश्रम से सफलता का विशाल वृक्ष पैदा कर सकते हैं और उस वृक्ष के फलों पर पूरी तरह से आपका ही अधिकार होगा।

चिंता नहीं चिंतन कीजिए

संसार में ऐसा कोई व्यक्ति न होगा, जिसने कभी चिंता का अनुभव न किया हो, मगर कुछ व्यक्तियों को सदैव चिंता में रहने की आदत हो जाती है। ऐसे व्यक्ति छोटी-छोटी बातों पर चिंता करके अपनी मानसिक शक्तियों को कमजोर कर लेते हैं। सब जानते हैं कि चिंता करने से कुछ हासिल नहीं होगा, मगर फिर भी किसी छोटी-सी बात को लेकर वे चिंता करने लगते हैं।

विचार कीजिए, जब बच्चा छोटा होता है, तो उसे छोटी-छोटी चीजों में रस आता है। वह मोर के पंख इकट्ठे करता है, तोते के पंख संभाल कर रखता है। माचिस की खाली डिबियां इकट्ठी करता है। अगर उसके इस संग्रह में से कुछ खो जाए, तो वह परेशान हो जाता है। बच्चा जब थोड़ा और बड़ा होता है, तो वह कंचे इकट्ठे करता है, खिलौने जोड़ता है। मगर जब और बड़ा होता है, उसमें परिपक्वता आती है, तो उसे आभास होता है कि वह व्यर्थ की वस्तुओं के पीछे दीवाना था और उनके खो जाने से चिंतित हो जाता था। अब उसे स्कूल में अच्छे अंक लेने की चिंता होती है, जब वह और बड़ा होता है, तो उसे लगने लगता है कि उसकी चिंता व्यर्थ थी। तब उसे चिंता की बजाए पढ़ाई पर ध्यान देना चाहिए था। लेकिन वह तब भी नहीं संभलता। अब वह एक वयस्क व्यक्ति बन गया है, उसकी चिंताओं के कारण बदल गए हैं, मगर चिंता करने की आदत नहीं बदली। आज जिस बात के लिए आप चिंतित हैं, भविष्य में जब इसके बारे में सोचेंगे, तो आपको स्वयं पर हंसी आएगी और क्रोध भी कि व्यर्थ में ही चिंता में समय व्यतीत किया।

चिंता हमारी शक्तियों को घुन की तरह चाट जाती है। यह हमारी कार्य शक्ति पर विपरीत प्रभाव डालती है। चिंतित व्यक्ति आधे घंटे के कार्य में एक घंटा व्यय करता है और उसके कार्य की गुणवत्ता में भी कमी पाई जाती है। चिंता एक प्रकार का विष है, जो धीरे-धीरे शक्तियों का ह्रास करता है। प्रगति में सबसे बड़ी बाधा है, चिंता।

दुर्घटना के विषय में लगातार चिंता करने वाला व्यक्ति अकसर दुर्घटनाग्रस्त हो जाता है। एक महिला जिस दिन भी नई साड़ी पहनती, उसकी साड़ी कहीं-न-कहीं फट जाती और उसे रफू करवाना पड़ता। वह अकसर यही शिकायत करती कि जब मैं

साड़ी पहन रही थी, तो मुझे तभी आभास हो गया था कि ऐसा होगा। मैंने सावधानी भी बरती, मगर...। दरअसल वह महिला साड़ी पहनते ही चिंतित हो जाती थी। उसकी यही चिंता उसकी हानि का कारण बनती।

चिंता मनुष्य को दुर्बल बनाती है और एकाग्रता नष्ट कर देती है। चिंतित व्यक्ति का ध्यान किसी कार्य में होता है और वह प्रयत्न किसी दूसरे ही कार्य के लिए कर रहा होता है। यह तो वह बात हो गई कि जाना अमृतसर है और आप बैठ गए हैं जयपुर की गाड़ी में। चिंतित व्यक्ति इसी तरह की हरकतें करता है। उसकी मानसिक स्थिति ठीक से कार्य नहीं करती और इसी कारण उसके सभी प्रयास असफल हो जाते हैं। बार-बार की असफलता उसके आत्मविश्वास को कम कर देती है और योग्यताएं होते हुए भी, चिंता रोग के कारण वह जीवन-भर कुंठित रहता है।

छात्रकाल में कई विद्यार्थी बड़े ही प्रतिभाशाली होते हैं। सभी को उनसे बहुत अपेक्षाएं होती हैं। कक्षा में सदा प्रथम आते हैं, खेल कूद में भी सबसे आगे रहते हैं, किंतु जब उन्हें जीवन के यथार्थ धरातल पर छोड़ा जाता है, तो वे ठोकरें खाते रहते हैं। इसका मूल कारण भी चिंता ही है। छात्र जीवन में उन्हें किसी बात की चिंता नहीं होती इसलिए वे प्रगति करते हैं, मगर जब शिक्षा पूरी कर लेते हैं, तो कई लोगों के कथन कि ''आजकल पढ़ाई करके भी कुछ नहीं होता, सिफारिश चाहिए'' या ''बिना पैसे के नौकरी नहीं मिलती।'' उनका संतुलन बिगाड़ देते हैं। वे अपनी सफलता पर संशय करने लगते हैं। साक्षात्कार के लिए जाते हैं, किंतु मन में कहीं न कहीं चिंता होती है, आशंका होती है। यही चिंता और आशंका उन्हें सफल नहीं होने देती।

कार्यकुशलता एकाग्रता पर निर्भर करती है। चिंतित व्यक्ति कभी एकाग्र नहीं हो पाता। उसके मन में सदैव निराशा के भाव भरे रहते हैं। वह कल्पना में डूबा रहता है। अगर, यदि, काश जैसे शब्द उसे परेशान करते रहते हैं। अगर यह हो गया, तो मैं यह कर दूंगा, लेकिन अगर नहीं हुआ तो...प्रत्येक बात में वे किंतु-परंतु में उलझे रहते हैं। उनका मन समस्याओं का पुलिन्दा बनकर रह जाता है। अगर-मगर के चक्कर में अपने लक्ष्य पर ध्यान केंद्रित नहीं कर पाते।

कुछ व्यक्तियों को चिंता करने की आदत ही बन जाती है। वे हर समय छोटी-छोटी बातों को लेकर परेशान रहते हैं। चिंता के कारण उनका स्वास्थ्य भी ठीक नहीं रह पाता। वे अपनी अस्वस्थता का कारण जानते हुए भी उसके निदान की ओर ध्यान नहीं देते। ऐसी कितनी ही महिलाएं हैं, जो लगातार छोटी-छोटी बातों के लिए चिंतित रहती हैं। चिंता का एक कारण हटता नहीं है और दूसरा पकड़ लेती हैं। बच्चे को स्कूल छोड़ने के लिए रिक्शेवाला थोड़ी देर से आता है, तो वे तूफान उठा देती हैं। जल्दी ही छः घरों में फोन करके पूछती हैं कि आज रिक्शेवाला आएगा या नहीं।

जानती हैं कि पति को कार्यालय से घर आने के लिए तीन बसें बदलनी पड़ती हैं, लेकिन जब पति को आधे घंटे की देरी हो जाती है, तो परेशान हो जाती हैं। उन्हें यह ध्यान नहीं आता कि बस छूट गई होगी या देर से मिली होगी। पति अपने वाहन पर जाते हैं, तो लौटने में देरी होने पर रोना शुरू कर देती हैं। मात्र इस काल्पनिक चिंता से कि कहीं पति दुर्घटनाग्रस्त न हो गए हों। परीक्षाएं बच्चों की होती हैं, किंतु बच्चों से ज्यादा चिंता उनकी माताओं को होती है। ये माताएं बच्चों के सामने इस तरह चिंता करके कितनी बड़ी गलती करती हैं, इस बात का उन्हें एहसास ही नहीं होता। बच्चे का मन बहुत कोमल होता है। वह देखी हुई बातों का अनुकरण करता है। माताओं को इस तरह चिंता करते देख कर, वही चिंता करने की आदत का विकास बच्चे में भी होने लगता है। ऐसी माताएं अनजाने में ही अपने बच्चों के साथ कितना बड़ा अन्याय कर रही होती हैं, इसका वे अनुमान नहीं लगा सकतीं। बच्चा बार-बार कहता है कि मैंने पूरी तैयारी कर ली है, अब मुझे खेलने दो, किंतु माताएं हैं कि अपनी ही जिद में हैं कि एक बार मुझे सुना दो। एक बार सुन लेने के बाद भी उन्हें संतुष्टि नहीं होती, फिर दबाव डालेंगी कि एक बार लिखकर दिखा दो। किसी एक प्रश्न को लेकर बच्चा कहता है कि अमुक प्रश्न स्कूल में अच्छी तरह नहीं करवाया गया, इसलिए परीक्षा में नहीं पूछा जाएगा, लेकिन उन्हें विश्वास नहीं होता, ''अगर यही प्रश्न आ गया, तो क्या होगा ?'' वे फिर दबाव डालती हैं कि अगर समझ में नहीं आया, तो भी रट्टा लगा कर सुना दो। अंक कम नहीं आने चाहिए। सोचिए, एक छोटी-सी परीक्षा के लिए इतनी चिंता कहां तक उचित है ? इतनी चिंता करने के बाद अगर आपका बच्चा अच्छे अंक ले भी ले, तो क्या होगा ? उसे भी आपको देख-देख कर आशंकित और चिंतित रहने की आदत पड़ जाएगी और जीवन के महान् उद्देश्यों को पूर्ण करने की क्षमता का नाश हो जाएगा।

अकसर जब बच्चों द्वारा किए गए आत्महत्या के समाचार सुनती हूं, तो मैं इसके लिए केवल उनके माता-पिता को ही दोषी मानती हूं, जिन्होंने चिंता का भारी बोझ अपने नन्हें बच्चे के कंधों पर डाल दिया और वह इस बोझ से छुटकारा पाने के लिए इतना बड़ा कदम उठाने के लिए विवश हो गया।

माता-पिता का बच्चों की पढ़ाई को लेकर इतना चिंतित रहना किसी भी दृष्टि से ठीक नहीं। इस तरह अभिभावक स्वयं बच्चों को तनाव में रहना सिखाते हैं। इसी तनाव का ही तो परिणाम है कि कई बच्चे परीक्षा-परिणाम आने से पूर्व ही आत्महत्या कर लेते हैं। दूसरी ओर ऐसी चिंता बच्चों के मन में यह भाव दृढ़ करती है कि इन परीक्षाओं में मिलने वाले अंक ही सब कुछ हैं। इनसे बाहर भी जीवन उन्नत हो सकता है, ऐसा वे सोच भी नहीं पाते। उन्हें विश्वास होता है कि परीक्षा में अंक अच्छे आ गए, तो जीवन की सारी उपलब्धियां यूं ही मिल जाएंगी। अगर अच्छे प्रतिशत से पास

न हुए, तो जीवन यहीं रुक जाएगा। सफलता के सारे द्वार बंद हो जाएंगे। मगर यह सत्य नहीं है। ऐसे भी कई व्यक्ति देखे गए हैं, जो विद्यार्थी काल में पढ़ने में ज्यादा होशियार नहीं थे, किंतु अपने आत्मविश्वास और विवेक से उन्होंने बड़ी-बड़ी सफलताएं अर्जित कीं। अगर आप बच्चे का विकास ही चाहते हैं, तो उसमें आत्मविश्वास जगाइए। चिंता करना सिखा कर आप स्वयं उसकी उन्नति में बाधक बन रहे हैं।

अकसर लोग ऐसी-ऐसी बातों पर चिंता करके रातों की नींद और दिन का चैन गंवा बैठते हैं, जो उनके जीवन में कभी घटित नहीं होती। वे अपनी पूरी शक्तियां चिंता में झोंक देते हैं, किंतु कितनी हास्यास्प्रद बात है कि वे चिंता करके जिन समस्याओं को सुलझाना चाहते हैं, उनका वास्तव में कोई अस्तित्व ही नहीं होता। वे केवल उनके मन की ही उपज होती हैं। अगर वास्तव में कोई समस्या हो, तो भी वे चिंता करके उसे सुलझा नहीं सकते, फिर भी वे चिंतित रहकर अपना समय और ऊर्जा नष्ट करते रहते हैं।

इस बात को गांठ बांध लीजिए कि आज तक चिंता करके कभी किसी व्यक्ति को कुछ भी हासिल नहीं हुआ है। एक उदाहरण देखिए। एक ही कार्यालय में दो लोग काम करते हैं। एक व्यक्ति को यदि बॉस थोड़ा डांट दे, तो वह चिंतित हो जाता है, उसका पूरा दिन खराब हो जाता है। यदि बॉस ने दबाव देकर कह दिया कि अमुक कार्य 3 घंटे में पूरा करना है, तो उसे चिंता शुरू हो जाती है। चिंता में वह गलतियां करने लगता है और वह कार्य पूरा नहीं कर पाता। दूसरी ओर एक अन्य व्यक्ति है, जिसे अगर बॉस ने बहुत सा काम दिया है और कहा है कि 2 घंटे में पूरा करना है, तो भी वह चिंतित नहीं होता, बल्कि हंसकर बॉस से कहता है, "कोशिश करता हूं। अगर बहुत ही ज्यादा जरूरी है, तो एक और व्यक्ति को भी इस काम में लगा दीजिए।" वह निश्चिंत होकर काम में जुट जाता है। उसके कार्य में कोई गलती नहीं होती और वह उसे निर्धारित समय से पूर्व ही समाप्त कर देता है।

चिंतित व्यक्ति योग्यता होते हुए भी अपनी योग्यता सिद्ध नहीं कर पाता। दूसरी ओर निश्चिंत व्यक्ति की बातों से ही आत्मविश्वास झलकता है। चिंता मनुष्य को पंगु बना देती है। लगातार चिंतित रहने वाला व्यक्ति कई मानसिक रोगों का शिकार हो जाता है। चिंता करने से नाड़ी संस्थान का संतुलन बिगड़ जाता है। दो तीन वर्ष पूर्व की बात हैं मैं एक मनोचिकित्सक से इन्हीं विषयों पर बात कर रही थी। वह बहुत हंसमुख थे। तब उन्होंने हंसी-हंसी में एक बात कही थी, जो मुझे बड़ी अच्छी लगी। उन्होंने कहा था, "जब तक समाज के लोग चिंता करते रहते हैं, हमें चिंता करने की जरूरत ही नहीं। लोग चिंता करते हैं, रोग पालते हैं और हमारे पास आते हैं, जिस दिन वे चिंता करना छोड़ देंगे, हमारी चिंता शुरू हो जाएगी।"

हम सभी चिंता के दुष्प्रभावों से परिचित हैं और यह भी जानते हैं कि प्रकृति ने हमें चिंता नहीं दी है। चिंता हमारी अपनी उपज है, इससे छुटकारा भी हमें स्वयं ही प्राप्त करना है। यह एक प्रकार का मनोविकार है। दृढ़ इच्छाशक्ति से इस मनोविकार पर विजय प्राप्त करना कठिन नहीं है।

सोचिए, विचारिए, चिंतन कीजिए मगर चिंता न करिए। जो बीत गया, सो बीत गया। उस पर पछतावा कैसा? जो हो गया है, उस पर व्यथित होने से क्या लाभ। अगर कुछ अनुचित भी हो गया है, तो चिंता करके अपनी कार्यशक्ति व्यर्थ में नष्ट न करें। अपने मन को सृजनात्मक कार्यों में लगाएं, रचनात्मक कार्यों से जुड़े रहें। सफलता आपके कदम चूमेगी। दुश्चिंताओं के चक्र से बाहर निकलिए। भविष्य में असफल होने की चिंता करेंगे, तो असफल ही होंगे। इसलिए चिंता करना छोड़ दें। चिंता उन्हें ही होती है, जिन्हें स्वयं पर विश्वास नहीं रहता। आत्मविश्वास बेहद जरूरी है। यदि आप दुःखी होने से बचना चाहते हैं, तो हर हाल में प्रसन्न रहने की आदत बनाइए।

चिंता एक तरह का रोग है। चिंतित व्यक्ति सदा व्याकुल रहता है। उसका आत्मविश्वास डगमगाता रहता है। वह जो भी कार्य करता है, आधे प्रयत्नों से करता है। वह कार्य शुरू करता है, मगर अपनी व्यर्थ की चिंताओं के कारण उस कार्य को स्वयं ही स्थगित कर देता है। कई बार तो वह सफलता के निकट पहुंचकर ही हौसला छोड़ बैठता है, आत्मविश्वास खो देता है। इसका मूलभूत कारण उसकी व्यर्थ की चिंताएं ही होती हैं।

अनिष्ट का सामना करने के लिए तैयार रहिए। अपनी चिंता का कारण खोजिए। यह जानने का प्रयास कीजिए कि आपकी चिंता का मूल कारण क्या है? फिर कल्पना कीजिए कि जिस कारण से आप चिंतित हैं, उससे ज्यादा-से-ज्यादा क्या अनिष्ट हो सकता है, फिर उस अनिष्ट का सामना करने के लिए तैयार हो जाइए। चिंता का कोहरा स्वतः मिट जाएगा।

मेरे एक परिचित की कंपनी में कोई फ्रॉड हो गया। वह चिंतित हो गए। पता नहीं क्या होगा? छानबीन के लिए पुलिस आए दिन कंपनी में आने लगी। इधर दिन-रात वह चिंतित रहने लगे। उनकी पत्नी बहुत विचारशील महिला थी। अच्छा साहित्य पढ़ना उसका शौक था। उसने जब अपने पति को चिंता में घुलते देखा, तो बड़े सहज भाव से उनसे बोली, "कंपनी में फ्रॉड हुआ है और आप चिंतित हैं। जरा सोचिए, चिंता करने से क्या होगा? इस फ्रॉड के कारण इतना ही हो सकता है कि कंपनी बंद हो जाए। आपमें गुण हैं, आपको कहीं भी अच्छी नौकरी मिल जाएगी। चिंता करने का बहुत बड़ा कारण तो है ही नहीं।" पत्नी की सांत्वना ने उन्हें चिंतामुक्त कर दिया। पत्नी के कथन पर

पुनः विचार कीजिए। पत्नी ने चिंता का कारण स्पष्ट कर अनिष्ट का सामना करने की प्रेरणा ही तो दी है।

अनिष्ट को बड़ा करके मत देखिए। संसार परिवर्तनशील है। परिस्थितियां कभी एक सी नहीं रहतीं। आज जिन कारणों से हम परेशान हैं, कल उनसे संबंध भी न रहेगा।

बीते हुए उस कल के विषय में सोचिए। जब आप किसी व्यक्ति के किसी कथन को लेकर चिंतित थे। आप अपना हौसला खो रहे थे। चिंता, भय, शोक सभी ने एकाएक आपके मन पर आघात किया था। आपने ठीक से भोजन करना भी छोड़ दिया था। आपके दिल की धड़कनें तेज हो गई थीं। आप परेशान थे, व्याकुल थे। विचार कीजिए कि क्या आज भी आप उस व्यक्ति के उस कथन से उतने ही पीड़ित हैं। नहीं, समय सब घावों को भर देता है। हो सकता है, अब उस व्यक्ति से आपके अच्छे संबंध न हों। ऐसा भी संभव है कि अब आपका उस व्यक्ति से कोई लेना देना न हो। गौरतलब बात है कि जब हमें ज्ञात ही है कि आज जिस कारण से हम इतने चिंतित हैं, कल वह कारण न रहेगा और न ही चिंता रहेगी, फिर आज हम इतने ज्यादा चिंतित क्यों होते हैं ? क्यों नहीं हम अपने मन को स्वयं सांत्वना दे पाते ? अविवेक त्यागिए। *चिंता छोड़कर आत्मविश्वास पैदा कीजिए। व्यर्थ के डर, चिंता, वहम आपके आत्मविश्वास की शक्ति को चाट जाएंगे। आपके पास एक ही बहुमूल्य संपत्ति है–आत्मविश्वास, जिसकी आपको रक्षा करना है।* चिंता, भय, निराशारूपी चोर आपकी शक्ति को चुराने आएंगे। उठिए, जागिए, अपनी शक्ति को चोरी न होने दीजिए।

सुप्त शक्तियों को जगाएं

बहुत पहले मैंने कहीं शिक्षा के संबंध में कुछ पंक्तियां पढ़ी थीं, वे पंक्तियां मुझे अच्छी लगी थीं और मैंने उन्हें अपनी डायरी में नोट कर लिया था, "मनुष्य इस संसार में जन्म से ही कुछ प्रवृत्तियों, संस्कारों और योग्यताओं को लेकर आता है। इनमें से प्रत्येक प्रकृति और योग्यता का स्वाभाविक लक्ष्य अपनी पूर्णता को पहुंचना होता है। शिक्षा का अर्थ बालक पर बाहर से कुछ लादना न होकर इन्हीं की जन्मजात योग्यताओं का विकास करना है। विकास कभी न रुकने वाली प्रक्रिया है। इस प्रकार मनोवैज्ञानिक दृष्टिकोण से शिक्षा एक प्रक्रिया एवं उस प्रक्रिया का परिणाम दोनों ही है।" आज हम शिक्षा का सही अर्थ भूल रहे हैं। शिक्षा का उद्देश्य अपनी भीतरी शक्तियों की पहचान है। शिक्षा के संदर्भ में कुछ विद्वानों के कथन देखिए—

पेंटर—"शिक्षा का लक्ष्य पूर्ण मानव का विकास है।"

पेस्तालॉजी—"शिक्षा का मुख्य लक्ष्य अध्यापन नहीं, बल्कि विकास है।"

फोयबल—"शिक्षा का कार्य प्राकृतिक विकास को उसके लक्ष्य की ओर जाने में सहायता करना है।"

जीवन मूल्यों की रक्षा करना एवं उन्हें अक्षुण्ण बनाए रखने के लिए हमें शिक्षा के इस रूप को समझकर अपनी सुप्त शक्तियों की पहचान और उनका विकास करना होगा। ऐसा कोई व्यक्ति नहीं है, जिसे प्रकृति ने शक्तियों का वरदान न दिया हो। व्यक्ति अपनी शक्ति का जितना प्रयोग करता है, उससे कई गुणा शक्तियों का भंडार उसके पास होता है, किंतु उन शक्तियों से उसका परिचय ही नहीं होता। वे शक्तियां उसके भीतर सुप्तावस्था में होती हैं। इन सोई हुई शक्तियों की पहचान के लिए आत्म-निरीक्षण की जरूरत है। अधिकांश लोग इसलिए परेशान रहते हैं कि उन्हें यह भी मालूम नहीं होता कि वे अपने जीवन से क्या चाहते हैं ? कारण सिर्फ इतना है कि उन्होंने कभी स्वयं को पहचानने का प्रयास ही नहीं किया। आप जीवन में क्या बनना चाहते हैं ? आप किस तरह का जीवन व्यतीत करना चाहते हैं ? आपका

81

लक्ष्य क्या है ? इन सब प्रश्नों के उत्तर आपको स्वयं देने हैं। इन सब प्रश्नों के उत्तर देने के लिए आपको स्वयं के लिए कुछ समय निकालना होगा।

एक दिन में कम-से-कम 20 मिनट स्वयं से बात करने के लिए समय अवश्य निकालें। आपके बहुत सारे मित्र हो सकते हैं, जिनके बहुमूल्य सुझावों से आपको नई दिशा मिली हो। किंतु स्मरण रखें, आपका सबसे अच्छा मित्र आप स्वयं हैं। आपसे बेहतर आपको कोई नहीं जान सकता। इसलिए आपसे बेहतर आपको सलाह भी कोई नहीं दे सकता। हमारे निर्णय तभी गलत होते हैं, जब हम जल्दबाजी में या बिना सोचे-समझे निर्णय ले लेते हैं। अगर हम सोच-विचारकर और आत्मचिंतन करके निर्णय लें, तो हमें अपने निर्णयों के लिए कभी पश्चात्ताप नहीं होगा।

जितने भी महान् पुरुष हुए हैं, उन्होंने सबसे गहरी दोस्ती स्वयं से, अपने अंतर्मन से की। महात्मा गांधी, अंबेडकर, रवीन्द्रनाथ टैगोर आदि तमाम हस्तियों की आत्मकथाएं पढ़कर देख लीजिए। उन्होंने आत्मचिंतन के महत्त्व को समझते हुए उसे पर्याप्त समय दिया। यदि आप भी जीवन में महान् कार्य करने की इच्छा रखते हैं, तो स्वयं को समय दें। अपनी शक्तियों का निरीक्षण कीजिए। सोई हुई शक्तियों जो जगाइए।

यह बहुत बड़ा सत्य है कि व्यक्ति चाहता है कि कोई दूसरा उसकी कमियां ढूंढ़ दे और उसका मार्गदर्शन कर उसमें सुधार ला दे। मगर जब भी कोई दूसरा व्यक्ति उसका दोष उसे बताता है, उसे क्रोध आ जाता है। हमें दर्पण दिखाने वाला कोई न मिलेगा, मिलेगा भी तो हम उसे पसंद नहीं करेंगे। इसलिए उचित यही है कि स्वयं को आईना दिखाएं। हमारा आईना हमारा आत्मचिंतन है। आत्मचिंतन का अर्थ है, स्वयं को पहचानना और परिष्कृत करना। पहचान से हमारा तात्पर्य शक्तियों की पहचान से है, जो हमारे भीतर विद्यमान हैं। परिष्कार के संबंध में हमें अपने गुणों को बढ़ाना और अवगुणों को कम करना है। गुण वे हैं, जो आत्मविश्वास बढ़ाते हैं, जीवन को संतुलित करते हैं। परिष्कार करते समय हमें दो चरणों से गुजरना चाहिए। पहले चरण में हमें अपने दोषों को हटाना है और दूसरे चरण में गुणों का विकास करना है। दूसरे शब्दों में, पहले चरण में सफाई करनी है और दूसरे चरण में सजावट करनी है। जिस तरह कपड़ा रंगते समय पहले पुराना रंग उतारना जरूरी है, जिस तरह नई फसल उगाने के लिए पुरानी खर-पतवार उखाड़ना जरूरी है, उसी तरह गुणों के विकास के लिए दोषों को दूर करना जरूरी है। एक-एक करके अपने अवगुणों को दूर करते जाएं।

स्वयं को तटस्थ होकर देखना सीखिए। अपनी शक्तियों से परिचय प्राप्त कीजिए। अपने वास्तविक रूप की खोज कीजिए। प्रकृति किसी के साथ अन्याय नहीं करती।

उसने आपको दीन-हीन नहीं बनाया है। उसने तो आपको भरपूर शक्तियां दी हैं। उनके प्रयोग के लिए आप स्वतंत्र हैं। आप उनसे जितना लाभ लेना चाहें ले सकते हैं, किंतु यदि आप उन शक्तियों को जानते ही नहीं हैं, तो इसमें आपका ही दोष है। आपने अपने भीतर की विशाल शक्तियों की कल्पना भी न की होगी। अपनी शक्तियों पर विश्वास न होने के कारण ही लोग भटकते रहते हैं।

इस बात में कोई दोराय नहीं है कि जीव जिस अंग का प्रयोग नहीं करते, धीरे-धीरे वह निष्क्रिय होते हुए लुप्त हो जाते हैं। इसी तरह हम अपनी जिन शक्तियों का प्रयोग समय रहते नहीं करते, वह भी धीरे-धीरे लुप्त हो जाती हैं। आपने अपने आस-पास ऐसे कई व्यक्ति देखे होंगे, जो सुंदर चित्र देखकर कहते हैं कि मैं भी कभी ऐसे चित्र बनाया करता था, या जब आप किसी के नृत्य की प्रशंसा करते हैं, तो वे कहते हैं कि मैंने भी बचपन में नृत्य में प्रथम ट्राफी जीती थी। ऐसे लोग वही व्यक्ति हैं, जिन्होंने समय रहते अपनी शक्तियों को पहचानकर उनका विकास नहीं किया और आज उनके अंदर वे कलात्मक शक्तियां लुप्त हो गई हैं। बचपन में जो विद्यार्थी गणित में सबसे ज्यादा अंक लेते थे, आज छोटी-सी कैलकुलेशन में भी इतना समय लगा देते हैं। कारण यही है कि उन्होंने अपनी शक्ति का विकास नहीं किया है। अपनी शक्तियों को पहचानिए, उन्हें सम्मान दीजिए, वे भी आपको सम्मान देंगी। उनकी उपेक्षा करेंगे, तो वे आपसे रूठ जाएंगी।

आपके भीतर छिपी शक्तियां कई बार आपको संकेत करती हैं कि आप अमुक कार्य कर सकते हैं, मगर आत्मविश्वास के अभाव के कारण मात्र अपनी शक्तियों की आवाज नहीं सुनते, उन्हें नजरअंदाज कर देते हैं। अगर आप नियमित रूप से आत्मचिंतन करें, स्वयं से वार्त्ता करें, तो आप अपनी शक्तियों की प्रेरणा को ठुकरा नहीं पाएंगे। संसार में ऐसा कुछ भी नहीं है, जिसे प्राप्त न किया जा सके। हिम्मत और उत्साह से काम लीजिए। आपको अपने जीवन में महान् कार्यों को पूर्णता देना है।

स्वयं की शक्तियों को जगाने के लिए स्वयं से बात करना बेहद जरूरी है। अपने आप से पूछिए कि आप क्या कर सकते हैं ? अगर आप सकारात्मक सोचने वाले व्यक्ति हैं, तो अवश्य आपका अंतर्मन उत्तर देगा कि आप सब कुछ कर सकते हैं। स्वयं का मार्गदर्शन स्वयं कीजिए। आपका आपसे बेहतर गुरु कोई नहीं हो सकता। कई लोग अपने को ऐसे-ऐसे सुझाव देते रहेंगे कि आत्मविश्वास को कमजोर होते देर नहीं लगती। कोई काम प्रारंभ करने से पूर्व जब आत्मचिंतन में बैठेंगे, तो भी व्यर्थ की उलझनों में उलझे रहेंगे, 'अगर लोन न मिला, तो क्या होगा ?' 'जिसे पार्टनर बना रहा हूं, उसने धोखा दे दिया तो ?' 'वैसे ही मैं दिल का मरीज हूं। एक बार दौरा पड़ चुका है। इतना बड़ा कार्य शुरू कर रहा हूं। कहीं दूसरी बार भी...।'

आत्मचिंतन के नाम पर इस तरह की विचारधारा बनाना पूर्णतः अनुचित है। स्वयं को ऐसे सुझाव दीजिए, जिससे आप ऊपर उठ सकें। अगर आपके चिंतन में दुर्बल विचार प्रभावशाली हैं, तो आप कभी सफल नहीं हो सकते।

आत्मविश्वास यानी स्वयं से बातें करके स्वयं को सुधारना। कुछ समय एकांत में अवश्य बैठिए। अपने विषय में सोचिए। विचार कीजिए कि इस समय आप कहां खड़े हैं और आपकी मंजिल अभी आपसे कितनी दूर है। चिंतन कीजिए कि आप प्रतिदिन मंजिल की ओर कितने कदम बढ़ा रहे हैं। नए-नए प्रयोगों के विषय में सोचिए, जिससे आपके कदमों में तेजी आ सकती है। आत्मचिंतन में आपको आगे बढ़ने के विषय में सोचना है। अपनी उन कमियों को रेखांकित करना है, जो मार्ग में बाधक बन जाती हैं। पूरी दिनचर्या का अवलोकन करना है। प्रकृति ने एक दिन को जितने समय में बांधा है, हम उसे कम या अधिक नहीं कर सकते। हां, अपनी दिनचर्या पर ध्यान देकर हम अधिक-से-अधिक समय का उपयोग कर सकते हैं। नित्य आत्मचिंतन कीजिए कि आज आपने कितना समय व्यर्थ की बातों में बिताया। कितने समय का आपने गलत उपयोग किया। यदि आप रोज इस बात पर ध्यान देंगे, तो समय का गलत उपयोग करने की आदत स्वतः छूट जाएगी। इसी तरह यदि रोज आप अपने अवगुणों पर ध्यान केंद्रित करेंगे, अपनी गलतियों के लिए अपने को फटकारेंगे, तो आप जल्दी ही अपने व्यक्तित्व का विकास कर लेंगे।

अब प्रश्न उठता है कि आत्मचिंतन के लिए कौन-सा समय सबसे उपयुक्त है ? इस विषय में तमाम लोगों ने रात्रि को सोने से पूर्व आत्मचिंतन का समय उचित माना है। सोने से पहले आप दिन-भर किए गए कार्यों का विश्लेषण कर सकते हैं। अपनी ग़लतियों के लिए स्वयं को फटकारें और अच्छे कार्यों के लिए स्वयं की प्रशंसा करें। मेरे एक जानकार को रात्रि में सोने से पूर्व के आत्मचिंतन से एक नई समस्या का सामना करना पड़ा। उनको रात्रि में नींद न आने की परेशानी रहने लगी। कारण मात्र इतना था कि दिन-भर के किए गए कार्यों का विश्लेषण करने पर जहां उन्हें लगता कि आज उन्होंने अमुक गलती की है, वह परेशान हो जाते और देर तक आत्मग्लानि से पीड़ित रहते। याद रखें, आत्मचिंतन का उद्देश्य स्वयं को हीन बनाना नहीं और न ही आत्मचिंतन से अभिप्राय स्वयं की ग़लतियों पर रोते रहना है। आत्मचिंतन का सीधा-सा उद्देश्य स्वयं में अच्छे गुणें का विकास करना है। अच्छे गुणरूपी फूल तभी खिल सकते हैं, जब कुविचार और अवगुणरूपी खरपतवार हटा दी जाए। इसके लिए जो ग़लतियां आपने की हैं, उन पर इतना ही विचार करना है कि वे दोहराई न जाएं। ग़लतियों का रोना रोते रहने से तो समय और शक्ति ही क्षीण होगी। जो हो गया सो हो गया। अब आगे से ध्यान रखना है।

किसान खेतों में बीज डालता है, तो किसी बीज का मुंह नीचे की ओर होता है, तो कोई ऊपर की ओर, लेकिन थोड़े दिनों बाद जब बीज अंकुरित होता है, तो 90 डिग्री पर सीधा हो जाता है। प्रकृति का नियम है कि वनस्पति सदैव ऊपर की ओर उठेगी। इसी तरह यह भी प्रकृति का नियम है कि यदि मनुष्य अपनी शक्तियों का भरपूर प्रयोग करेगा, तो वह अवश्य ऊपर उठेगा। जागिए और अपनी शक्तियों को भी जगाइए।

आत्मविश्वासी छवि बनाएं

एक विचारक का कथन है कि जो आप बनना चाहते हैं, वह आपके व्यक्तित्व से झलकना चाहिए। यहां हम आत्मविश्वास पर बात कर रहे हैं। अगर आप चाहते हैं कि आप आत्मविश्वासी हों, विवेकशील और दृढ़ निश्चयी बनें, तो यह सब भाव आपके व्यक्तित्व से, आचार-व्यवहार से झलकने चाहिए। तय कीजिए कि आप क्या बनना चाहते हैं। कल्पना कीजिए उस रूप की, जिसमें आप स्वयं को देखना चाहते हैं। अपनी कल्पना में उस व्यक्ति की छवि को निहारिए, जिसका व्यक्तित्व आपको पसंद है। अपने संपर्क में आने वाले उन तमाम लोगों की उन खूबियों का अवलोकन कीजिए, जिनसे आप प्रभावित होते हैं। निश्चय ही आपमें भी यह भावना आएगी कि आपके अंदर वे सब गुण समाहित हो जाएं। विश्वास कीजिए, अगर आपके भीतर यह भाव जागृत होता है, तो आप थोड़े-से प्रयास से वैसे ही बन सकते हैं। दृढ़ विश्वास और इच्छाशक्ति हो, तो आप अपनी छवि अपनी कल्पनानुसार बना सकते हैं।

माना कि छवि बदलना आसान नहीं होता, मगर इतना मुश्किल भी नहीं होता, जितना हम सोचते हैं। छवि निर्माण में हमारी वेश-भूषा, बोल-चाल का तरीका, मुस्कराने की अदा, चाल इत्यादि सभी आते हैं। छवि निर्माण की प्रक्रिया में सबसे पहले हमारे सामने यह समस्या आती है कि अब तक हमारी जो छवि बनी हुई है, उससे छुटकारा कैसे पाया जाए। ऐसे में हमारे मन में सबसे पहला प्रश्न उभरता है कि हमारा जैसा रूप अब तक लोगों के सामने है, अब एकाएक हमारे नए रूप को वे लोग किस प्रकार स्वीकार करेंगे। सबसे पहले वेश-भूषा संबंधी ही उदाहरण लें। अब तक आप हलके रंग के वस्त्र पहनते आ रहे हैं। यहां तक कि चटक वस्त्र पहनने वालों की आपने आलोचना भी की है। एकाएक आपने किसी व्यक्ति को चटक, किंतु शालीन वस्त्रों में देखा, तो आप प्रभावित हो गए। आप चाहते हैं कि आप भी वैसे ही वस्त्र पहनें। अब आप कार्यालय में वैसे वस्त्र पहनकर जाना चाहते हैं, किंतु अंदर से भय है कि सहकर्मी क्या कहेंगे ? यही समस्या है, मगर घबराएं नहीं। अगर आप छवि बदलना चाहते हैं और वह साकारात्मक है, तो निश्चिंत रहिए। पहले दिन आपको

परेशानी हो सकती है। संभव है कोई आप पर कटाक्ष भी कर दे, मगर आपका विश्वास आपकी सहायता करेगा। यहां आप थोड़ा दृढ़ रहें, तो आपको परेशानी नहीं आएगी।

आत्मविश्वासी व्यक्ति सदा प्रसन्न रहता है। इसलिए उसके चेहरे पर सदैव मुस्कान बनी रहनी चाहिए। आपके चेहरे की उदासी भी आपके आत्मविश्वास को ठेस पहुंचा सकती है। प्रसन्न रहने के लिए मन में प्रसन्नता के विचार रखिए। प्रसन्न दिखने का प्रयत्न कीजिए। जिन बातों में खुशी का कोई कारण नजर नहीं आता, उनमें भी प्रसन्नता के कारण खोजिए। आप अपना व्यक्तित्व जैसा बनाना चाहते हैं, वैसा लगातार सोचिए भी। सुबह उठते ही अपने मन में विचार लाएं कि मैं संसार का सबसे प्रसन्न व्यक्ति हूं। आज सारा दिन मैं खुश रहूंगा। खुशी का अनुभव करता रहूंगा और दूसरों को भी यथोचित प्रसन्नता देने का प्रयत्न करूंगा।

व्यक्ति के विचार ही कर्म के प्रेरक होते हैं। विचारों द्वारा अपने मन को पोषित कीजिए और प्रसन्नता के भाव विकसित करके जीवन के वास्तविक आनंद का अनुभव कीजिए। आपके चेहरे की प्रसन्नता दूसरों के मन में भी प्रसन्नता के भाव पैदा कर सकती है। जब तक आप अपने चेहरे पर प्रसन्नता के भाव बनाए रखेंगे, तब तक आप स्वयं तरोताजा महसूस करेंगे। अकसर लोग तरह-तरह के इत्रों का प्रयोग करते हैं, किंतु चेहरे की मुस्कान वह इत्र है, जिसके लिए कुछ खर्च नहीं करना पड़ता। ईमानदारी से बताइए कि आपको कैसे लोग पसंद हैं। मुर्झाए हुए, थके हुए और उत्साहहीन लोग तो आपको पसंद नहीं होंगे। आपको वही लोग पसंद होंगे, जो अपने दुखों का रोना न रोकर आपसे अपने हृदय की प्रसन्नता बांटें। आप अपने मन में उस व्यक्ति को लाएं, जो आपको बहुत प्रिय हो। निश्चय ही वह दूसरों की अपेक्षा हंसमुख होगा। आपको अपनी ऐसी छवि निर्मित करना है कि लोग आपको पसंद करें। इसके लिए जरूरी है कि आप मुस्कराते रहें। दुःख, तकलीफ, कष्ट तो सबके जीवन में आते हैं। आपके साथ कुछ नया नहीं घट रहा है। अपनी तकलीफों का रोना रोकर क्यों दूसरों की परेशानी का कारण बनते हैं ? भूलिए नहीं कि जब आप दुःख में भी खुश रहने का प्रयोग करेंगे, तो धीरे-धीरे आप भी अपने दुःख को भूल जाएंगे। लगातार रोना रोते रहने से आपके आत्मविश्वास को कितनी ठेस पहुंचती है, इसका अभी आपको अनुमान नहीं, अन्यथा आप अपनी छवि अब तक बदल चुके होते। खैर, अभी भी कुछ नहीं बिगड़ा है, जब जागो तभी सवेरा।

छवि निर्माण में ही प्रस्तुतीकरण की बात आती है। वर्तमान युग प्रतिस्पर्धा का युग है। निःसंदेह, जिसने अपनी शक्तियों को पहचान लिया, सफलता उसके कदम चूमेगी, मगर अपनी क्षमताओं को पहचानने के साथ-साथ उसका प्रस्तुतीकरण भी बहुत जरूरी

है। आप क्या हैं ? आपमें कितनी योग्यताएं हैं ? आप क्या कर सकते हैं ? ऐसे तमाम प्रश्नों के उत्तर आपके व्यवहार में आपकी बोलचाल से झलकने चाहिए।

मेरे एक मित्र को हमेशा शिकायत रहती थी कि उनका सहकर्मी उतना कार्य नहीं करता, जितनी वाह-वाह लूट लेता है, जबकि वह सारा दिन लगाकर कार्य करते हैं, मगर प्रशंसा नहीं मिलती। यही नहीं, उस सहकर्मी को जब भी छुट्टी की जरूरत होती है, तो तत्काल मिल जाती है, किंतु उन्हें एक छुट्टी के लिए भी तीन दिन पूर्व सूचना देनी पड़ती है। मेरे इन्हीं मित्र ने कुछ दिन पूर्व निराश होते हुए बताया कि उनके उस अयोग्य, कामचोर सहकर्मी की उन्नति हो गई, जबकि उन्नति के असली हकदार वह थे। इस विषय में जहां तक मेरा विश्लेषण है, मैं यही मानती हूं कि मेरे मित्र का अपने सहकर्मी के लिए अयोग्य और कामचोर विशेषण का प्रयोग करना पूर्णतः अनुचित है। मेरे मित्र और उनके सहकर्मी में इतना ही अंतर है कि वह योग्यताएं होते हुए भी उनका ठीक से प्रस्तुतीकरण नहीं कर पाते और उनका सहकर्मी अपने बॉस को यह विश्वास दिलाने में सफल हो जाता है कि वह जो कार्य करता है, सोच-विचार कर और कंपनी के लाभ हेतु करता है।

एक व्यापारी का प्रस्तुतीकरण का ढंग ही उसे सफल या असफल बनाता है। प्रत्येक व्यक्ति में एक सेल्समैन के सभी गुण होने चाहिए। अगर आप सफल होना चाहते हैं, तो सेल्समैन के अपेक्षित गुणों का चार्ट बनाकर किसी ऐसी जगह पर लगाएं, जहां आपकी दृष्टि पड़ती है, क्योंकि अगर आपमें सेल्समैन के सभी अपेक्षित गुण आ गए, तो आप सेल्समैन नहीं बल्कि वह बन जाएंगे जो आप बनना चाहते हैं।

कुछ बाधक भ्रांतियां

बहुत बार झूठ को दोहराने से झूठ भी सच प्रतीत होने लगता है। इसीलिए विज्ञापनकर्ता झूठों को दोहराते जाते हैं। बार-बार एक ही वस्तु का विज्ञापन देखने से मन स्वाभाविक रूप से मानने लगता है कि अमुक वस्तु ही ठीक है। आप रेडियो खोलते हैं, तो साबुन का विज्ञापन, टी.वी. देखने बैठे, तो फिर उसी साबुन का विज्ञापन, अखबार में भी वही विज्ञापन। दुकानदार के पास गए, तो बोर्ड पर फिर उसी साबुन का विज्ञापन। अब आपको साबुन खरीदना है, तो निश्चित रूप से आपके मन में उसी विज्ञापन का आकर्षण आपको वही साबुन खरीदने के लिए प्रेरित करेगा। इसी तरह हम जिन मान्यताओं को दोहराते रहेंगे, वही सत्य प्रतीत होंगी। इस संसार को असत्य और मिथ्या कहने से यह जग आपको असत्य और मिथ्या ही दिखाई देगा। संसार के प्रति यदि आकर्षण और विश्वास खत्म हो गया, या इसी जगत के प्रति यदि मन वितृष्णा से भर गया, तो उन्नति कर पाना कठिन हो जाएगा।

धर्म बुरा नहीं है, किन्तु धर्म के नाम पर पुरानी मान्यताओं, जिनका वर्तमान समाज में कोई महत्त्व नहीं रह गया, उन्हें ढोना गलत है। उसी पर विश्वास करो, जिसे अनुभव किया है।

मेरे एक मित्र रोज सुबह-शाम प्रार्थना में बैठते हैं। प्रार्थना में उनका अटूट विश्वास है। वह प्रार्थना करते हैं, ''प्रभु, मुझे अमुक काम में सफल करो।'' परन्तु फिर आगे कहते हैं, ''हे प्रभु, अगर यह कार्य नहीं किया, तो मेरे विश्वास को ठेस पहुंचेगी। प्रभु, मैं 21 रुपये का प्रसाद चढ़ाऊंगा। मेरा कार्य जरूर पूरा कर देना।''

अब देखिए, कैसी है यह प्रार्थना। एक तरफ तो ईश्वर पर विश्वास है, दूसरी तरफ अगर, मगर और विश्वास उठने की बात भी कह डाली। अगर प्रार्थना की है, तो यह मान कर चलें कि आपकी प्रार्थना स्वीकार हो गई है। पूरे जोश से अपने कार्य में जुट जाइए। आस्तिकता या प्रार्थना का यही सबसे बड़ा लाभ होगा कि वह आपको आत्मविश्वास से भर दे।

जहां तक विश्वास की बात है, स्वयं पर विश्वास करना सीखिए। शास्त्रों की सारी बातें सत्य हो ही नहीं सकतीं। शास्त्र ने जिस स्वर्ग की कल्पना की है, वहां शराब के चश्में बहने की बात, सुन्दर परियों और हीरे जवाहरात की बात भी की गई है। ऐसे शास्त्र कैसे कामी व्यक्तियों ने लिखे होंगे, इसका अंदाजा लगाया जा सकता है। आप सच्चे आस्तिक भी अपने आत्मविश्वास और विवेक से बन सकते हैं, अन्यथा व्यर्थ की मान्यताओं और परम्पराओं में भटकते रहेंगे।

जीवन की क्षणभंगुरता के विषय में भी सकारात्मक रूप से सोचें। कई व्यक्ति सोचते हैं कि जीवन क्षण भंगुर है। यहां जो भी करें, सब कुछ एक दिन छोड़कर चले जाना है, फिर ज्यादा कार्य करने का क्या लाभ ? मगर जरा सोचने का ढंग बदल कर देखें। जीवन बहुत छोटा है, समय कम है, इसीलिए प्रयास अधिक जोर-शोर से करने की आवश्यकता है। क्यों न हम प्रयास करें कि जितना समय भी जीएं शान से, विश्वास से और पूर्णता से जीएं। जीवन तो एक दिन सबका समाप्त होना है, लेकिन जो जीवन को ठीक तरह से जीना सीख जाते हैं, वे मरने के बाद भी अपने जीवन का एक आदर्श प्रस्तुत कर जाते हैं। जो जीवन की छोटी-छोटी समस्याओं को हल करने की बजाए, उनसे पलायन की बात सोचते हैं, वे एक-एक समस्या से पलायन करते हुए धीरे-धीरे जीवन से ही पलायन कर जाते हैं। पलायन की बात कभी भी मन में न लाइए। मैं तो कहूंगी कि उन विचारों को अपने पास फटकने ही न दें, जो पलायन के भाव मन में लाते हैं।

यह जीवन, जो आपको मिला है, बहुत कीमती है। इस जीवन की, इस समय की कद्र कीजिए। आपके जीवन का एक-एक पल कीमती है। इसलिए एक-एक क्षण को सम्माान दें। लांगफैलो ने लिखा है, ‘‘जो अवसर का उपयोग करते हैं और सही समय पर सही कदम उठाते हैं, वही जीवन में उन्नति कर पाते हैं।’’ जीवन चाहे छोटा हो या बड़ा, असली जीवन वही है, जो आपने आत्मविश्वास से जीया।

धार्मिक ग्रन्थ आपको नई दिशा दे सकते हैं, मगर आप लकीर के फक़ीर न बनें। वे धार्मिक ग्रन्थ, जिस काल में लिखे गए थे, उस काल का उन पर प्रभाव पड़ना स्वाभाविक था। तत्कालीन मान्यताएं, विश्वास या अंधविश्वास भी उन ग्रन्थों में मिल सकते हैं, जिनका वर्तमान समाज से कोई सरोकार नहीं है। उन पर अमल न करें। लेखक जो कुछ लिखता है, अपने अनुभवों और समाज से लिखता है, लेकिन धार्मिक ग्रन्थों में लिखी प्रत्येक बात को मान लेना अपने पांव पर कुल्हाड़ी मारने के समान है। अब प्रसिद्ध भारतीय धार्मिक ग्रन्थ ‘रामायण’ को ही लें। तुलसीदास लिखते हैं, ‘करइ विचारु कुबुद्धि कुजाती।’ इस पंक्ति में नीच जाति को कुबुद्धि घोषित किया गया है, किन्तु वर्तमान समाज या मनोविज्ञान अथवा कोई भी सभ्य

व्यक्ति इस बात को स्वीकार नहीं कर सकता। तुलसी की 'रामायण' में कुछ और भी अंधविश्वास भरी बातें हैं यथा–''एतना कहत छींक भइ बाएं, कहेउ सगुनिअन्ह खेत सुहाए।''

इस पंक्ति में बाईं तरफ छींक आने को शगुन माना है। रामायण में ही एक जगह लिखा है कि पुरुष के दाहिने और स्त्रियों के बाएं अंग फड़कने को शगुन माना जाता है और पुरुष के बाएं या स्त्रियों के दाएं अंग फड़कने को अशुभ। इन पंक्तियों से प्रभावित होकर अगर आप अपने निर्णय अपने अंगों के फड़कने के आधार पर करना शुरू कर दें, तो आप सफल कैसे हो सकते हैं ? सत्य बात तो यह है कि रक्त प्रवाह के कारण ही अंगों में फड़कन होती है, किसी शकुन-अपशकुन से इसका कोई संबंध नहीं है।

इसी तरह हनुमान के मुंह से तुलसीदास कहलवाते हैं, ''प्रात लेइ जो नाम हमारा, तेहि दिन ताहि न मिले अहारा।'' हमारे कुछ धार्मिक ग्रन्थों ने मानव जाति को कई अंधविश्वास दिए हैं, जो उनके विकास में बाधक और आत्मविश्वास के लिए घातक हैं। भाग्यवाद भी ऐसा ही एक भाव है, जो मनुष्य को निकम्मा बना देता है, लेकिन लोग भाग्यवादी बनना पसंद करते हैं, क्योंकि तुलसी रामायण में लिख गए हैं–''उपजइ रामचरन बिस्वासा, भव निधि तर नर बिनहिं प्रयासा।''

ध्यातव्य है कि बिना प्रयास के केवल राम भजन से सफलता अर्जित नहीं की जा सकती। हां, प्रयास और प्रार्थना का समन्वय अवश्य लाभकारी हो सकता है।

अंधविश्वास व्यक्ति के आत्मविश्वास को छीन लेते हैं। अंधविश्वास घुन की भांति हैं, जो व्यक्ति के व्यक्तित्व को खा जाते हैं। अंधविश्वास चाहे किसी भी महान् धार्मिक पुस्तक में क्यों न लिखे हों, वे अंधविश्वास ही रहते हैं।

बलि से संबंधित कई घटनाएं सुनने को मिलती हैं। एक बार तो समाचार-पत्रों में छपा था कि पिता ने पुत्र की बलि दे दी और पिता को पूरा विश्वास था कि देवी मां प्रसन्न होकर उसकी मनोकामना भी पूरी कर देगी और उसके पुत्र को जीवित भी कर देगी। तुलसी की रामायण में भी रावण ने अमर होने का वरदान अपने सिर की बलि चढ़ाकर ही पाया था–''सिर सरोज निज करन्हि उतारी, पूजेउ अमित बार त्रिपुरारी।''

किंतु याद रखें, मनोकामनाएं पूरी करने के लिए सिर की बलि देने की आवश्यकता नहीं होती। इच्छाएं तो आलस्य, हीनता, चिन्ता, निराशा, उदासी जैसे नकारात्मक भावों की बलि देने से पूरी होती हैं।

कई लोग छींक आने पर बाहर नहीं निकलते, तो कुछ बिल्ली के रास्ता काटने पर सोचते हैं कि अपशुकन हो गया। बिल्ली ने रास्ता काट दिया, तो अवश्य हानि होगी, मगर मैं पूछती हूं कि कई बार आप बिल्ली का रास्ता काटते हैं और उस दिन बिल्ली का ही नुकसान हो जाता है, तब ? यह सब छोटी-छोटी भ्रान्तियां हैं, जो व्यक्ति को कमजोर बनाती हैं।

जीवन का लक्ष्य निर्धारित कीजिए। सफलता की इच्छा भी रखिए। प्रयासों में कमी न आने दें। गीता के उपदेश 'कर्म करने और फल की चिंता न करने' के सही अर्थ को समझिए।

मेरे एक मित्र हैं, वह भोपाल में रहते हैं। हमारी कभी रू-ब-रू मुलाकात नहीं हुई है। केवल पत्रों के माध्यम से वैचारिक आदान-प्रदान चलता रहता है। एक पत्र में उन्होंने लिखा, ''पिछले पत्र में आपने आध्यात्मिक चिंतन की बात लिखी थी। बहुत दिनों से अध्यात्म की ओर झुकाव भी हो रहा है, लेकिन मैं महसूस करता हूं कि अध्यात्मिक किताबों का अध्ययन मुझे कुछ ज्यादा ही भाग्यवादी बना रहा है। गीता में कार्य करने और फल की चिंता न करने की बात कही गई है, मगर फल को ध्यान में रखे बिना कार्य में मन कैसे लग सकता है? आप क्या सोचती हैं ? मार्गदर्शन कीजिए।''

इस पत्र के उत्तर में मैंने लिखा था कि गीता में कर्म पर बल दिया गया है, भाग्यवाद पर नहीं। केवल फल के विषय में सोचने से कर्म करने में बाधा आ सकती है। लक्ष्य से विचलित न हों। इस पत्रोत्तर में मैंने महाकवि बल्लतोल का कथन दोहराया था। कवि वल्लतोल बधिर थे। उन्होंने लिखा है, ''मैं लक्ष्य तक पहुंचूं या नहीं, मैं सदा चलता रहूंगा, मेरे कदमों से रास्ते के सारे कांटे दब और पिस जाएंगे।'' इस उक्ति में भी सदा चलते रहने का संदेश दिया गया है। गीता का भी यही उपदेश है। इसलिए जो कार्य कीजिए, फल को सामने रख कर कीजिए, मगर फल की चिंता न कीजिए।

हममें से बहुत लोग गीता के कर्मफल के सिद्धांत को पूरी तरह समझ नहीं पाते और भ्रांतियों के शिकार हो जाते हैं। कुछ लोग तो फल की चिन्ता छोड़ते-छोड़ते कर्म करना ही छोड़ बैठते हैं। विचारणीय तथ्य है कि निष्क्रिय व्यक्ति के शरीर और मन दोनों को जंग लग जाता है। धीरे-धीरे उसकी शक्तियों का ह्रास होने लगता है। इन्हीं सब स्थितियों को देखते हुए ही मैंने उक्त पत्र-मित्र के पत्र का जिक्र करना आवश्यक समझा।

धार्मिक उपदेशों में जहां संतोष की बात कही गई है, वहां भी संतोष का अर्थ यह नहीं है कि जो मिल गया, उसी में संतोष करके अपनी महत्वाकांक्षाओं पर बंधन

लगा दें। संतोष से अभिप्राय मानसिक संतुलन से है। जो आपके पास है, उसका आनंद लेते हुए कर्म करना ही सच्चा संतोष कहलाएगा। संतोष के नाम पर 'जो मिल गया ठीक है' वाली सोच निर्मित कर लेना गलत है। जो मिला है, उसका आनंद लीजिए। ईश्वरीय शक्ति को मानते हैं, तो उसके प्रति कृतज्ञ भी हो सकते हैं, लेकिन हाथ-पर-हाथ धर कर बैठ जाना और अपने जीवन की नौका को राम भरोसे छोड़ देना कहां तक उचित है। इस बात का संतोष कीजिए कि आपको आत्मविश्वासी मन मिला है, लेकिन इस आत्मविश्वास के बल पर आपको जो छोटी-सी उपलब्धि हुई है, उस पर संतोष मत कीजिए। उपलब्धि से तो आपके आत्मविश्वास में वृद्धि होनी चाहिए और उस प्राप्ति से आपके मन में जोश और उमंग के भाव पैदा होने लगेंगे। छोटी सफलता से मन में बड़ी सफलता को प्राप्त करने की हिम्मत आनी चाहिए। हम आपकी अध्यात्मिक भावनाओं की कद्र करते हैं। आप भी अध्यात्म से जुड़े रहिए, लेकिन जब आपको लगे कि आपका मन भटक रहा है, तो सावधान हो जाइए। इसके लिए कोई समझौता मत करिए। जितने भी आध्यात्मिक गुरु हैं, यदि उनके वचनों से आप उत्साहित होते हैं, आपका आत्मविश्वास बढ़ता है, तो उन्हें अवश्य सुनें, लेकिन जिस किसी आध्यात्मिक गुरु की वाणी आपके मन में संसार के प्रति वैराग्य भाव लाना शुरू कर दे, तो संभल जाइए। उस गुरु की बात पर अमल करना तो दूर उसे तत्काल सुनना छोड़ दें। मैंने कई लोग देखें हैं,जिन्होंने जल्दबाजी में किसी तथाकथित गुरु से दीक्षा ले ली, मगर उस गुरु की वाणी उन्हें प्रभावित नहीं करती और उसके विचार प्रेरित नहीं करते, मगर फिर भी वे उनका पल्लू छोड़ने से कतराते हैं। इसके पीछे मात्र एक ही कारण होता है कि गुरु ने दीक्षा देते समय कहा था कि जीवन में एक ही गुरु बनाना चाहिए। एक बार जिसे गुरु मान लिया, तो मान लिया, मगर सोचने की बात है कि जब आप अपने बच्चों को स्कूल में दाखिल करवाते हैं, तो इस उम्मीद से कि वहां आपका बच्चा अच्छी शिक्षा ग्रहण करे, अच्छे संस्कारों से पोषित हो। जब आपको जरा-सी शंका होती है कि जिस स्कूल में आपका बच्चा पढ़ रहा है, वहां अच्छी पढ़ाई नहीं हो रही है, तो उस स्कूल से बच्चे को निकालने में जरा भी संकोच नहीं करते। अब भी आप आध्यात्मिक शिक्षा लेने के लिए किसी गुरु की शरण में गए हैं। अगर वह आपको प्रभावित नहीं करता, तो उससे पल्ला छुड़ाने में इतना संकोच क्यों ?

कई बार हमारी सोच हमें अलग दिशा में ले जाती है, तो हमारी मान्यताएं और संस्कार हमें दूसरी दिशा में ले जाते हैं। हम उलझन में होते हैं कि अपनी सोच को महत्त्व दें या मान्यताओं और परंपराओं को। ऐसी स्थिति में आपका आत्मविश्वास ही काम आएगा। अगर आप आत्मविश्वासी हैं, तो ऐसे विकट क्षणों का बहुत अधिक सामना नहीं करना पड़ेगा। आप जल्दी उचित निर्णय पर पहुंच जाएंगे। निर्णय लेने

में लगने वाला समय भी आपके आत्मविश्वास पर ही निर्भर करता है। आत्मविश्वासी व्यक्तियों द्वारा लिए गए निर्णय कभी गलत सिद्ध नहीं होते। मन को भ्रांतियों से मुक्त रखें। जो कुछ आपको इस जगत में दिखाई दे रहा है, वही सत्य है। जो आप प्राप्त करना चाहते हैं, इसी जगत में प्राप्त करेंगे। कल्पनालोक में खोए रहने से आपका अपना नुकसान है। जितनी जल्दी हो सके भ्रांतियों के घेरे से बाहर आ जाइए। यह सुंदर संसार आपकी प्रतीक्षा कर रहा है।

बातें छोटी मगर जरूरी

जीवन के खेल में जीतने के लिए व्यक्ति को बहुत चौकन्ना रहने की जरूरत है। इस खेल में सफलता उसी को मिलती है, जो छोटी-छोटी बातों को भी नजरअंदाज न करे। प्रत्येक कार्य सोच-विचार कर करे। किसी विद्वान् ने ठीक कहा है कि मूर्ख कर्म करने के बाद और ज्ञानी कर्म करने से पूर्व सोचता है। व्यक्तित्व के समुचित विकास के लिए जिस तरह आत्मविश्वास की जरूरत होती है, उसी तरह आत्मविश्वास के लिए कई छोटी-छोटी बातों पर ध्यान देना आवश्यकत होता है। आपकी छोटी-छोटी आदतें आपके व्यक्त्वि को बहुत प्रभावित करती हैं। आपका स्वभाव, बोलने का तरीका, रहन-सहन आदि भी आपके व्यक्तित्व की पहचान बन जाते हैं। इसलिए आपके व्यवहार से झलकना चाहिए कि आप आत्मविश्वासी हैं। आपके बोलने से आपके सभ्य होने का प्रमाण मिलना चाहिए। आपकी आदतों से ऐसा आभास होना चाहिए कि एक-न-एक दिन आपको सफलता अवश्य मिलेगी।

आत्मविश्वास बढ़ाने के लिए जरूरी है कि हम अपनी आदतों में सुधार लाएं। प्रत्येक कार्य को सलीके से, कर्तव्यनिष्ठा से, परिश्रम से करने की आदत बना लें। आदतें व्यक्ति की सफलता-असफलता का आधार होती हैं। किसी भी शुरू किए गए कार्य को समाप्त करना अगर हमारी आदत है, तो इसके लिए हमें अतिरिक्त प्रयास नहीं करना पड़ेगा।

अकसर लोगों को यह कहते सुनते हैं कि 'अमुक कार्य करना तो मेरी आदत है।' मान लें आप घर के अंदर आते हैं, तो दरवाजा बंद करना आपकी आदत है। इसके लिए आपको अतिरिक्त प्रयास नहीं करना पड़ेगा। कोई आपके घर आता है, तो आप मुस्कराते हुए हाथ जोड़कर अभिवादन करते हैं, यह आपकी आदत है, तो आपको किसी के आने पर सोचना नहीं पड़ेगा कि आप क्या करें। ऐसा भी हो सकता है कि सोचते समय कान में उंगली डालना या बात करते समय गाली बकना आपकी आदत हो, यानी आदतें किसी भी तरह की हो सकती हैं। अच्छी या बुरी आदतें हमारे व्यक्तित्व का आधार बनती हैं। इसीलिए बेहतर हो कि हम अपनी आदतों

का चुनाव सोच-समझकर करें। परिश्रम करना हमारी आदत हो। किए गए संकल्प को पूरा करना हमारी आदत बन जाए। विकट परिस्थितियों में भी प्रसन्नता का दामन न छोड़ना हम अपनी आदत में शामिल कर लें, तो हमारे व्यक्तित्व में निखार आ जाएगा। छोटी-छोटी सफलताओं के लिए हमें अतिरिक्त श्रम नहीं करना पड़ेगा और ये सफलताएं ही हमारे अंदर स्वयं पर विश्वास करने की प्रेरणा बन जाती हैं।

एक छोटी-सी आदत का क्या दूरगामी प्रभाव पड़ा, यह आपको इस सत्य दृष्टांत से ज्ञात हो जाएगा। एक ग्वाले के यहां एक भैंस ने एक बछड़े को जन्म दिया। वह ग्वाला उस छोटे-से बछड़े को रोज अपनी बाहों में उठाकर स्नान के लिए पास की पोखर में ले जाता था। काफी दिन बीत गए। बछड़ा भैंसा बन गया। मगर वह ग्वाला उसी तरह से पोखर तक बाहों में उठाकर ले जाता रहा। लोग देखकर दंग होते कि यह क्या ? पतला-सा ग्वाला और इतने बड़े भैंसे को उठा कर ले जा रहा है। मगर वास्तविकता यह है कि ग्वाले का बछड़े को रोज बाहों में उठाना उसकी आदत बन गई थी। उसकी साधारण-सी आदत ने उसे शारीरिक शक्ति दे दी। इसी तरह अगर हम रोज अच्छे विचारों को धारण करने का प्रण करें, तो अच्छे विचार हमारी आदतों में शामिल हो जाएंगे। किसी भी कार्य को पूरे विश्वास के साथ करना हमारी आदत बन जाएगी।

अपनी गलत आदतों के कारण भी हम अपने आत्मविश्वास को कमजोर कर देते हैं। बेकन का कहना है, ''आदत यदि सोच-समझकर बनाई जाए, तो वह दूसरी प्रकृति बन जाती है।'' आदत कोई जन्मजात गुण नहीं है, जिसे बदला न जा सके। चीजों को यथास्थान न रखना, फिर परेशान होना, समय पर न पहुंचना, झूठ बोलना, व्यर्थ की गप्पें मारना, अनावश्यक क्रोध करना, ये सब आदतें व्यक्तित्व को कमजोर करती हैं। आपकी आदतें ही आपके व्यक्तित्व का आईना हैं। कमजोर व्यक्तित्व के व्यक्ति को सफलता प्राप्त करने के लिए जरूरत से ज्यादा परिश्रम करना पड़ता है। बाहरी तौर पर देखने से लगता है कि आदतों का आत्मविश्वास से क्या संबंध है ? लेकिन गलत आदतें आपके आत्मविश्वास को हानि पहुंचाती हैं। एफ.डब्लू. रॉबर्टसन ने एक जगह लिखा है, ''यदि आपकी आदत टाल-मटोल की है और उपेक्षा से जीवन काटते हैं, तो किसी विशेष काम में आप सहसा प्रयत्न करके सत्य और ध्येय को नहीं पा सकते।'' इसी संदर्भ में लेमरटीन भी लिखते हैं, ''आदत अपनी लोह शृंखला में हमें बांधकर प्रतिदिन हमारा मार्गदर्शन करती है।'' क्या आप अपनी आदतों को पहचानना चाहते हैं, तो आइए इनके विषय में थोड़ी चर्चा कर लेते हैं–

प्रसन्नता

प्रसन्न रहना भी आपकी आदत में शामिल हो सकता है। छोटी-छोटी बातों पर कुढ़ना अच्छी बात नहीं। इससे आपके मन और शरीर दोनों पर विपरीत प्रभाव पड़ता है। उन्मुक्त हंसी हंसें। हंसने से तो वैसे भी तनाव दूर हो जाते हैं। प्रसन्नता सकारात्मक भावों को जन्म देती है। कोई भी कार्य करें, प्रसन्नता से करें, प्रसन्नता के लिए करें। प्रसन्नता के विषय में लोग प्रायः भ्रमित रहते हैं। वे सोचते हैं कि प्रसन्नता बाह्य साधनों से प्राप्त की जा सकती है। अधिक धन या भौतिक सुविधाओं से प्रसन्न हुआ जा सकता है, किंतु सच्ची बात तो यह है कि प्रसन्नता या खुशी बाहृय साधनों से नहीं मिल सकती। यह तो मन की उपलब्धि है। अगर सुविधाओं से प्रसन्नता प्राप्त हो सकती, तो सभी सुविधा सम्पन्न लोग, प्रसन्न ही रहते, किन्तु ऐसा नहीं है। अप्रसन्नता का मूल कारण असन्तोष है। अति संतोष जहां आकर्मण्य बना देता है, वहीं अति असंतोष स्वाभाविक प्रसन्नता छीन लेता है। हेनरी डुमैंड ने एक जगह लिखा है, ''संसार के आधे से अधिक लोग प्रसन्नता को सही ढंग से नहीं खोजते हैं।'' अकसर लोग छोटे-छोटे 'उत्सवों' को नजरअंदाज कर देते हैं। छोटी-सी उपलब्धि, जिस पर वे प्रसन्न हो सकते हैं, वे उस पर प्रसन्नता व्यक्त नहीं करते, बल्कि बड़ी उपलब्धि की प्रतीक्षा करते रहते हैं और यह सत्य है कि जब उन्हें कोई बड़ी उपलब्धि भी मिलती है, तो वे आनन्द अनुभव नहीं कर पाते, क्योंकि प्रसन्न होने की उनकी आदत ही नहीं रहती। प्रसन्न रहना चाहते हैं, तो प्रसन्न रहने की आदत डालिए। एक्ट टू बी चीअरफुल। अब्राहम लिंकन लिखते हैं, ''लोग अपने मन में जितनी प्रसन्नता पाने का निश्चय करते हैं, उतनी ही प्रसन्नता उन्हें मिलती है।'' निश्चय कीजिए कि आप प्रत्येक परिस्थिति में प्रसन्न बने रहेंगे।

स्वाध्याय

स्वयं को अध्ययनशील बनाएं। अच्छे साहित्य का संग्रह कीजिए। अच्छा साहित्य आपको अपनी शक्तियां खोने नहीं देगा। स्वाध्याय भी जीवन की एक संपदा है। सदैव विद्यार्थी बने रहें। जब भी आप डगमगाएंगे, आपका अध्ययन आपको सहारा देकर संभाल लेगा। मेरे एक मित्र शर्मा जी बताते हैं कि उन्होंने अपने पूजागृह में 20-25 ऐसी पुस्तकें रखी हुई हैं, जो उन्हें तब सहारा देती हैं, जब जीवन से निराश होने लगते हैं। पुस्तकों के प्रति श्रद्धा भाव रखिए। रात को सोते समय उत्साह बढ़ाने वाली पुस्तकों का अध्ययन कीजिए। भले ही आप एक पृष्ठ या आधा पृष्ठ ही पढ़ें, किंतु स्वाध्याय का नियम बना लीजिए। थोरो का कथन है, ''पुस्तक प्रेमी सबसे अधिक धनी एवं सुखी होता है।'' पुस्तक रूपी धन का संचय

करने वाला व्यक्ति जीवन में कभी नहीं हार सकता। अकसर लोगों को व्यस्तता की शिकायत रहती है और वे बहाना करते हैं कि पढ़ने के लिए समय ही नहीं मिलता। सच्ची बात तो यह है कि समय की कमी उन्हीं कार्यों के लिए होती है, जिन्हें हम करना ही नहीं चाहते। जिन कार्यों को हम महत्त्व देते हैं, उनके लिए समय स्वतः ही निकल आता है। सिनेमा जाना, टी.वी. देखना, घूमने निकलना या व्यर्थ में गप्पें हांकना, इन सबके लिए हम समय निकाल ही लेते हैं, बल्कि अगर यह कहा जाए कि इन सबके लिए हमें समय निकालने की जरूरत ही नहीं पड़ती, समय स्वतः निकल आता है, तो कोई अतिशयोक्ति नहीं होगी। पढ़ने की आदत डालिए, समय अपने आप निकल आएगा।

कुछ लोगों का कहना है कि आजकल पुस्तकें बहुत महंगी हो गई हैं, खरीदकर पढ़ने की हिम्मत ही नहीं होती। यह बात कुछ हद तक ठीक है कि पुस्तकें महंगी हुई हैं, उसी अनुपात से पुस्तकों का महंगा होना भी स्वाभाविक है। खाने-पीने का सामान भी महंगा हो रहा है, सिनेमा का टिकट भी सस्ता नहीं है, यात्रा शुल्क भी दिन पर दिन बढ़ता जा रहा है, परंतु न तो हमने भोजन करना छोड़ा है, न सिनेमा देखना और न ही यात्रा करना छोड़ सके हैं। पहले मैं स्वयं पुस्तकों के महंगे होने की शिकायत करती थी, लेकिन फिर भी मैंने अध्ययन नहीं छोड़ा। मैंने तय किया कि एक से अधिक पुस्तकालयों की सदस्य बन जाऊंगी, ताकि अधिक-से-अधिक पुस्तकें पढ़ सकूं। हां, जितनी आपकी जेब में ताकत है, उस हिसाब से पुस्तक अवश्य खरीदें। रस्किन बांड के अनुसार, ''यदि कोई पुस्तक पढ़ने लायक है, तो वह खरीदने लायक भी है।'' अच्छी पुस्तकें हमारी सच्ची मित्र होती हैं। वे गहन-से-गहन समस्याओं का भी हल कर देती हैं और हमारी समस्याओं का मजाक भी नहीं उड़ातीं।

आलस्य

एक अन्य छोटा-सा विचारणीय बिन्दु है, आलस करना। आलसी व्यक्ति को पता नहीं चलता कि वह आलस कर रहा है। वह व्यक्ति कभी आत्मविश्वासी नहीं हो सकता। आत्मविश्वास का अर्थ अपनी शक्तियों पर विश्वास करना है। आलस्य हमारी शक्तियों को कमजोर कर देता है। जब शक्तियां ही कमजोर हैं, जब योग्यताएं ही धूमिल हैं, तो उन पर विश्वास करने का प्रश्न ही नहीं उठता। आलस बड़े ही छोटे-छोटे कारणों से प्रारंभ होता है। कई सरकारी कर्मचारी कार्यालय के कार्य करने में बड़ा आलस दिखाते हैं। बॉस ने कोई काम दिया। काम आधे घंटे का होता है, लेकिन उसमें दो घंटे लगाते हैं। बॉस ने किसी काम के लिए बुलाया है, तो कार्य का बहाना करके तब तक नहीं जाएंगे, जब तक 2-3 बार बुलावा न आ जाए। इसके पीछे यह मानसिकता होती है कि हमें वेतन तो उतना ही मिलता है, फिर व्यर्थ में ज्यादा

परिश्रम करने से क्या लाभ ? किंतु यह मानसिकता बड़ी गलत है। ऐसे लोगों का आलस मात्र कार्यालय तक ही सीमित नहीं रहता, बल्कि उनके प्रत्येक कार्य में झलकता है। वे घर के छोटे-छोटे कार्यों को भी स्थगित करने लगते हैं। पत्नी ने कुछ सामान लाने के लिए कहा, तो वे तत्काल कार्य नहीं करेंगे, बल्कि जब तक टाला जा सकता है, टालते रहेंगे। मैं ऐसे कई व्यक्तियों को जानती हूं, जिन्होंने बैंक में फिक्स डिपाजिट करवाया था। उन्हें तारीख याद नहीं रहती कि किस दिन पैसे मिलने हैं, लेकिन वे अपने लाकर से कागजात खोलकर देखने में भी आलस करते रहते हैं और पैसे निकलवाने के निर्धारित दिन से कई दिन बाद बैंक में पहुंचते हैं।

अगर आपकी आदत छोटे-छोटे कार्य टालने की है, तो जीवन के बड़े-बड़े उद्देश्यों को भी आप टालते ही रहेंगे। आज का काम आज ही कीजिए, अभी कीजिए। शेख सादी लिखते हैं, ''आलस्य जीवित व्यक्ति को दफना देता है।'' कार्य प्रारंभ करने में आलस कैसा ! प्रारंभ कर दिया है, तो पूरा करने के लिए टालमटोल क्यों ? जोश से कार्य आरंभ करो, कार्य समाप्त भी अवश्य होगा। आलसी व्यक्ति उस बंजर भूमि के समान होता है, जहां कोई उपज नहीं होती। पड़े-पड़े तो लोहे को भी जंग लग जाता है। आप अगर अपनी शक्तियों का प्रयोग नहीं करेंगे, तो आपकी शक्तियों को भी जंग लग जाएगा। जरूरत पड़ने पर लगे जंग को हटाने के लिए आपको उसे इतना रगड़ना पड़ेगा कि थक जाएंगे। इसलिए कहा जाता है कि आलसी व्यक्ति अपनी रोटी के लिए बहुत मेहनत करता है, क्योंकि उसका आलस्य उसकी कठिनाइयां बढ़ा देता है।

कितने ही विद्यार्थी मिल जाएंगे, जो परीक्षा के दिन भी समय पर परीक्षाभवन में नहीं पहुंच पाते। लोग 20 दिन पूर्व कहीं बाहर घूमने जाने का कार्यक्रम बनाते हैं, किंतु जिस दिन जाना होता है, उस दिन समय पर स्टेशन तक नहीं पहुंच पाते। यह सब आलस्य का ही परिणाम है। ऐसे व्यक्ति कितनी उन्नति कर सकते हैं, इसका अनुमान आप स्वयं लगा सकते हैं। ऐसे लोग अकसर जीवन की दौड़ में पीछे रह जाते हैं।

जब आप सोचते हैं कि 5,7 मिनट देर से क्या फर्क पड़ने वाला है, तब आप मिनटों को नहीं खोते, बल्कि घंटों को खराब करते हैं। आज आपने 10 मिनट लॉस किया, तो कल आपका मन आपको 20 मिनट आलस करने का सुझाव देगा। आलस आपके व्यक्तित्व में रच-बस जाएगा। इसी संदर्भ में एक विचारक की उक्ति है, ''आप मिनटों की फिफ्र कीजिए, घंटे आपकी फिक्र आप कर लेंगे।'' हमारे पास समय बहुत कम है, उसे व्यर्थ नहीं खोना है। अपने अंतःकरण को समझाइए। किसी शायर ने कहा है, ''लम्हों ने खता की, सदियों ने सजा पाई।'' आज का खोया समय कभी वापस

नहीं आएगा।

अभ्यास

किसी भी कार्य में पारंगत होने के लिए अभ्यास की आवश्यकता होती है। आपमें भीड़ से भरी सड़क पार गाड़ी चलाने का आत्मविश्वास तभी आएगा, जब आप लगातार गाड़ी चलाने का अभ्यास करेंगे। कई बार व्यक्ति में ज्यादा योग्यताएं नहीं होतीं, किंतु वह लगातार अभ्यास करता है और उसमें उस कार्य के लिए आत्मविश्वास आ जाता है। उस आत्मविश्वास के बल पर वह सफलता प्राप्त कर लेता है। महाभारत में एक स्थान पर वर्णन आता है—एक बार भीम अंधेरे में बैठे भोजन कर रहे थे, अर्जुन पास आकर पूछने लगे, ''भइया भीम, अंधेरे में भी आपका हाथ सीधा मुंह में ही क्यों जाता है, नाक या आंख में क्यों नहीं ?'' तब भीम का संक्षिप्त-सा उत्तर था, ''बस, अभ्यास की बात है।'' अर्जुन ने बात पकड़ ली। उसके जीवन का उद्देश्य धनुर्धारी बनना था। उसने अंधेरे में तीर चलाने का अभ्यास प्रारंभ कर दिया और अपने उद्देश्य को मूर्त रूप देने में सफल हुआ।

छोटी-छोटी बातें भी बहुत कुछ सिखा देती हैं। आपके आसपास के लोग भी जाने-अनजाने बहुत सी बातें कह जाते हैं, जिनसे आप बहुत कुछ सीख सकते हैं। विद्वानों ने यूं ही नहीं कहा—

> करत करत अभ्यास के जड़मति होत सुजान,
> रसरी आवत जात ते, सिल पर परत निसान।

मितभाषी

बहुत-सी समस्याएं मौन रहने से ही हल हो जाती हैं। मौन रहना भी एक गुण है। सदा बोलते रहने वाले बड़बोले व्यक्ति अपने व्यक्तित्व की उस गंभीरता को खो देते हैं। जो उन्हें विचारवान, चिंतनशील और विद्वान् सिद्ध करने के लिए आवश्यक होती हैं। प्रकृति ने हमें एक जीभ दी है, ताकि हम कम बोलें, लेकिन कान दो दिए हैं, ताकि हम ज्यादा सुनें। मौन एक ऐसी अभिव्यक्ति है, जो जनमानस को अपनी ओर खींच लेता है।

मौन के महत्त्व को गांधी जी ने बहुत अच्छे ढंग से समझा था। उन्होंने मौन अहिंसा का प्रयोग करके ब्रिटिश के सर्वशक्तिमान साम्राज्य को पराजित कर दिया था। विनोबा भावे मौन धारण कर संसार में सबसे बड़े संत कहलाए। उन्हें भारत की 14 भाषाओं का ज्ञान प्राप्त था। मौन धारण करने से मन अद्भुत शान्ति एवं शीतलता का अनुभव करता है, जिससे शक्तियों का अधिक विकास होता है। मौन स्थिति में व्यक्ति अंतर्मुखी

होकर अपने आप को देखता रहता है। उसे अनुभव हो जाता है कि उसमें किस गुण की कमी है। उसका निवारण कर अपनी कमजोरियों को मिटा लेता है।

जरूरत से ज्यादा बोलने वाले कभी सफल नहीं होते हैं, आवश्यकता से कम बोलने वाले भी पीछे रह जाते हैं। इसलिए वाणी का संयम बहुत जरूरी है। लुकमान कहा करते थे, ''पशु न बोलने से कष्ट उठाता है और मनुष्य बोलने से।'' कम बोलना भी सफलता का बड़ा हथियार है। धड़ल्ले से बकवास करना व्यक्तित्व को नष्ट करता है। लोग उसे मूर्ख समझते हैं। धीमे स्वरों में अपनी बात को कम-से-कम शब्दों में समझाना बेहद प्रभावशाली होता है।

संतुलन

वर्ष में दो बार नवरात्रों का मौसम आता है। वह मौसम सबको बहुत अच्छा लगता है, क्योंकि मौसम संतुलित होता है। न ज्यादा गर्मी और न ज्यादा सर्दी। बसंत का मौसम सबको प्रिय होता है। हर जगह संतुलन की आवश्यकता है। जब संतुलन बिगड़ता है, तो निर्णय क्षमता कमजोर हो जाती है। वीणा बजाने वाला तार को संतुलित रखता है, क्योंकि ज्यादा कसने पर वह टूट जाएंगे और ढीला छोड़ दें, तो धुन पैदा नहीं होगी। तबले को ढीला छोड़ने पर मधुरता समाप्त हो जाएगी। साज वाले पहले साज को संतुलित करते हैं, तभी उसका प्रयोग करते हैं। जीवन भी एक साज है, यह भी संतुलन की मांग करता है। जीवन रूपी साज से सुंदर संगीत तभी ध्वनित हो सकता है, जब आप उसे संतुलित रखें। जीवन में जब भी असंतुलन आता है, जीवन के प्रति उत्साह कम पड़ जाता है। संतुलन आपकी गति को नियंत्रित करता है। गाड़ी तेज स्पीड से जा रही है, अगर उसमें नियंत्रण रूपी ब्रेक न हो, तो वह दुर्घटना की शिकार हो जाएगी। जीवन की गाड़ी भी तेज गति से चल रही है, मगर यदि संतुलन न हो, नियंत्रण न हो, तो वह भी निश्चित रूप से दुर्घटनाग्रस्त हो जाएगी।

संतुलन जीवन जीना सिखाता है। असंतुलित मानसिकता वाला व्यक्ति विवेक शून्य हो जाता है, उसे उचित अनुचित का बोध नहीं रहता। एक विचारक अपनी पंक्तियों में कहता है—

हंसो बोलो फंसो मत।
देखो भालो तको मत।
खाओ पीओ छको मत।
बोलो चालो बको मत।

छोटी-छोटी बातों को लोग बड़ी सरलता से नजरअंदाज कर देते हैं, लेकिन ऐसी बातें

ही व्यक्ति की सफलता-असफलता का कारण बन जाती हैं। छोटी-छोटी बातों को नजरअंदाज करने से पूर्व विचार करें कि दवाई की गोली छोटी-सी होती है, जो भयंकर रोगों को दूर करती है। सायनाइड की बहुत कम मात्रा प्राणांत के लिए काफी है। छोटी-सी चींटी विशालकाय हाथी की मृत्यु का कारण बन जाती है। दही की बहुत कम मात्रा दूध में मिल जाए, तो पूरा दूध धीरे-धीरे दही बन जाता है। छोटी-छोटी घटनाएं ही जीवन का संचालन करती हैं। अतएव छोटी-से-छोटी घटना को भी महत्त्वपूर्ण मानकर उससे कुछ-न-कुछ सीखना ही चाहिए। यही सीखने में उद्यत रहने की प्रक्रिया हमें अनर्गल प्रलापों से दूर रखती है, जिससे जीवन में संतुलन व सामंजस्य बना रहता है। हमें दूसरों की सहमति जाननी आवश्यक होती है। क्योंकि किसी भी कार्य का संपादन तभी उचित रूप से हो पाता है, जब कई लोगों की राय जानने के बाद, उन्हीं विकल्पों में से सर्वोत्तम विकल्प को चुनकर कार्य करें।

आत्मविश्वास के लिए संचित शक्ति जरूरी

पेट्रोल या डीजल से चलने वाले वाहनों में हमेशा रिजर्व शक्ति रखी गई होती है, यानी यह शक्ति संचित होती है। जब ईंधन खत्म हो जाता है, आप वाहन द्वारा तब भी कुछ किलोमीटर की यात्रा कर सकते हैं और अपने गन्तव्य तक पहुंच सकते हैं। अगर वाहनों में इस रिजर्व शक्ति का प्रावधान न हो, तो हम अनुमान लगा सकते हैं कि हमें कितनी परेशानियों का सामना करना पड़े।

सभी व्यक्ति बैंक में धनराशि भी जमा करते हैं, ताकि आवश्यकता पड़ने पर उस राशि का प्रयोग किया जाए। कुछ राशि हम वृद्धावस्था, बीमारी या अन्य विपत्तिकाल के लिए भी सहेज कर रखते हैं। कई बार पूरे जीवन काल में उस संचित धन की आवश्यकता ही नहीं पड़ती, मगर कई बार विकट परिस्थितियों में हमारा वही संचय डूबते को तिनके का सहारा सिद्ध होता है।

भालू को घोर शीतकाल में भी सर्दी नहीं लगती, क्योंकि वह अपने शरीर पर चर्बी का भंडार संचित किए रहता है। मधुमक्खी भी जितना शहद इकट्ठा करती है, पूरे जीवन में उसे उतने शहद की आवश्यकता नहीं होती। चींटियां अपने छोटे-छोटे छिद्रनुमा घरों में भी भंडार-घर की व्यवस्था करती हैं। चूहे के बिल में भी कितना ही अनाज संचित किया होता है। ऊंट अपने शरीर में पानी का संचय करता है। इसी कारण वह मरुस्थल को भी पार करने का सामर्थ्य रखता है। छिपकली संकटकाल में अपनी पूंछ छोड़ने की शक्ति संजोए हुए है। गिरगिट संकट के समय रंग बदलने की कला जानता है। लगभग सभी प्राणी कुछ ऐसी शक्तियों का संचय करते हैं, जो उन्हें संकटकाल में सहायता करती हैं।

अनुभव सिद्ध बात है कि अगर हम अपनी शक्तियों को विपत्तिकाल के लिए सहेज कर नहीं रखेंगे, तो हमें विपत्तियों में निराशा हाथ लगेगी। इस निराशा से आत्मविश्वास का क्षय होगा और आत्मविश्वासहीन व्यक्ति हर जगह असफलता ही पाएगा। अपनी

शक्तियों को संकट या कठिनाइयों के लिए सहेज कर रखें। लगातार अपनी सामर्थ्य का विस्तार करते जाइए। जीवन के कठिन दौर से प्रत्येक व्यक्ति को गुजरना पड़ता है। उस दौर की यात्रा करते-करते ही कई व्यक्ति हार जाते हैं और अपना सर्वस्व गंवा बैठते हैं, क्योंकि वे इन संकटों के लिए पहले से तैयार नहीं होते। वे यह भूल जाते हैं कि जीवन संघर्षों का ही दूसरा नाम है। इधर आत्मविश्वास डोला, उधर उनकी सफलता की कश्ती भी हिचकोले खाने लगती है। इसलिए जरूरी है कि अपनी शक्तियों का, अपनी योग्यताओं का समय-समय पर परीक्षण करते रहें।

एक महिला बहुत अमीर घराने से संबंधित थी। उसका पति व्यापारी था। उस महिला को नौकरी करने की कोई आवश्यकता नहीं थी, किंतु वह समय-समय पर जहां अच्छी नौकरी का विज्ञापन देखती, आवेदन कर देती। साक्षात्कार और पूरी चयन प्रक्रिया में भाग लेती। जब वह अपना नाम चयन किए उम्मीदवारों की सूची में देखती, तो प्रसन्न होती, लेकिन नौकरी की उसे जरूरत नहीं थी। वह कार्यभार ग्रहण करने नहीं जाती थी और इसकी सूचना भी भेज देती थी। एक दिन इस महिला से किसी ने पूछा कि आप यह क्यूं करती हैं ? जब आपको नौकरी करनी ही नहीं है, तो इतना झंझट क्यों उठाती हैं ? तब उस महिला ने उत्तर दिया कि, ''इससे मैं अपना आत्मविश्वास बढ़ाती हूं। मैं समय-समय पर अपनी योग्यता का परीक्षण करती हूं, ताकि समय आने पर इस योग्यता का उपयोग कर सकूं।'' कुछ सालों बाद इस महिला के पति को व्यापार में घाटा हो गया। तब उक्त महिला ने नौकरी की और अपने पति की आर्थिक सहायता की। कुछ समय बाद व्यापार संभल गया और उसने नौकरी छोड़ दी। इसी को कहते हैं आपातकाल के लिए शक्तियों का संचयन। अगर वह महिला समय-समय पर अपनी योग्यता का परीक्षण न करती, तो उसका आत्मविश्वास कब का खत्म हो गया होता।

यही घटना मैं एक स्कूल के विद्यार्थियों के सामने कह रही थी। तभी एक विद्यार्थी उठा और उसने एक चुटकुला सुनाया, ''एक बार एक आदमी रेल से यात्रा कर रहा था, टिकट चैकर आया और उसने टिकट दिखाने को कहा, तो उसने जेब में से दो टिकट निकाले और उसमें से एक टिकट चैकर की ओर बढ़ा दिया। जब टिकट चैकर ने पूछा कि दूसरा टिकट किसका है, तो उसने जवाब दिया कि अगर पहला खो गया, तो दूसरा काम आएगा। इस पर टिकट चैकर ने कहा कि अगर दोनों ही खो गए तो ? वह व्यक्ति दूसरी जेब में से पास निकालकर बोला, ''फिर यह कब काम आएगा ?''

यह चुटकला मैं आपके सामने इसलिए रख रही हूं कि संभव है मेरी शक्ति संचयन की बात पढ़कर आपके मन में भी ऐसी गलतफ हमी आ जाए। शक्ति संचयन करने का कारण हमारी नकारात्मक सोच नहीं होना चाहिए कि अगर यह हो गया या वह हो गया, तो क्या होगा ? शक्ति संचयन करने का अर्थ है, स्वयं में आत्मविश्वास जगाना। अपने आप को मजबूत बनाना, क्योंकि जब भी तूफान आता है, तो कमजोर और हलके पेड़ या कमजोर भवन झट से गिर जाते हैं। भीषण झंझावातों में भी मजबूत वृक्ष अपना स्थान नहीं छोड़ते। जिन मकानों की नींव पक्की होती है, वे भारी तूफान को भी झेल जाते हैं। अपने गुणों का विकास करके हम एक तरह से अपने व्यक्तित्व की नींव ही पक्की करते हैं। किसी व्यक्ति में जितने भी गुण हों, जितनी योग्यताएं हों और अगर उसने उन योग्यताओं का परीक्षण किया है, तो उसका आत्मविश्वास अवश्य बढ़ेगा।

युवक-युवतियों को चाहिए कि घर के छोटे-छोटे काम स्वयं करने की आदत डालें। हमारे देश में गृहकार्य की पूरी जिम्मेदारी महिलाओं को ही सौंपी गई है। युवकों को भी चाहिए कि वे सभी काम सीखें। भले ही इसकी उन्हें भविष्य में ज्यादा जरूरत न हो, मगर काम अवश्य आना चाहिए।

मेरी एक अध्यापिका अकसर कहा करती थी कि लड़कियों को आत्मरक्षा के लिए करांटे आदि की शिक्षा अवश्य लेनी चाहिए। इसी तरह सभी को पानी में तैरना भी सीख लेना चाहिए। इसका एक ओर तो कभी भी लाभ हो सकता है, दूसरी ओर ये गुण आत्मविश्वास भी बढ़ाते हैं। इन गुणों के विकास से हमें इतना भरोसा रहता है कि हम अपनी रक्षा करने में समर्थ हैं। अकसर साक्षात्कार में पूछा जाता है कि, ''आपकी रुचियां क्या क्या हैं ?'' रुचियों में किसी की रुचि नृत्य की होती है, तो कोई संगीत को पसंद करने वाला होता है। कई बार साक्षात्कार कर्ता नृत्य या संगीत पर भी थोड़ी बहुत बात करना शुरू कर देता है। यद्यपि उस नौकरी के लिए उसे न तो नृत्य में पारंगत व्यक्ति की जरूरत होती है और न ही संगीत में दक्ष व्यक्ति की। दरअसल साक्षात्कार का उद्देश्य मात्र इतना जांच करना होता है कि उस उम्मीदवार का अपनी रुचियों के प्रति कितना समर्पण है। आपकी रुचियों से भी आपके व्यक्तित्व की झलक मिलती है। इसलिए रुचियों को दबाएं नहीं, बल्कि उन्हें भी पूरा समय दें। आपकी रुचियां भी आपके लिए कभी शक्ति का कार्य कर सकती हैं।

विश्लेषण कीजिए कि आपने अपने भावी जीवन के लिए कितनी तैयारी की है ? क्या वह पर्याप्त है ? अगर नहीं, तो तैयारी जारी रखें। अकसर युवक-युवतियां एक निश्चित समय के बाद अध्ययन करना छोड़ देते हैं। वे यह भूल जाते हैं कि अध्ययन

और परिश्रम कभी भी व्यर्थ नहीं जाता। आप स्वयं को जितना ज्ञान से चमकाते जाएंगे, उतना ही आपका जीवन के प्रति विश्वास बढ़ता जाएगा। नियमित अध्ययन भी शक्ति संचयन का एक रूप है। आज आपके द्वारा किया गया अध्ययन आपके जीवन में कभी भी चमत्कार पैदा कर सकता है। कई युवक-युवतियां आयु-भर छोटे पद पर ही कार्य करते रहते हैं। इसका एक मात्र कारण है कि वे अपने आगे के विकास के बारे में नहीं सोचते। वे जितना आगे बढ़ते हैं, छोटे-छोटे संकट उन्हें उतना ही पीछे धकेल देते हैं। अगर वे संचय शक्ति रखें, तो संकट उन्हें पीछे नहीं धकेल सकता। रिजर्व शक्ति का संचय मानसिक प्रशिक्षण के बाद ही किया जा सकता है। मन पूरी तरह स्वस्थ होना चाहिए, क्योंकि स्वस्थ मन ही कुछ संचय करने के योग्य होगा। यह बात ठीक उसी तरह सत्य है, जैसे स्वस्थ शरीर में प्रतिरोधक शक्ति होती है। यह प्रतिरोधक शक्ति व्यक्ति को बीमारियों से बचाती है। इसमें बीमारियों से लड़ने की ताकत होती है। जिस व्यक्ति के शरीर में जितनी प्रतिरोधक शक्ति होगी, वह बीमारियों से उतना ही बचा रहेगा। प्रतिरोधी शक्ति शारीरिक व्याधियों से रक्षा करती है और संचित शक्ति विषम परिस्थितियों से रक्षा करती है। जिस व्यक्ति में संचित शक्ति नहीं है, वह हर क्षेत्र में पराजित होगा। फौज में भरती युवकों को रोज व्यायाम करवाया जाता है। प्रतिदन वे मुश्किल-से-मुश्किल स्थितियों से बाहर निकलने का अभ्यास करते हैं। इस प्रकार वे भारी शक्ति के संचयकर्ता बन जाते हैं। इस शक्ति का प्रयोग उन्हें युद्ध क्षेत्र में ही करना होता है। अगर वे सोचें कि न जाने युद्ध की स्थिति आएगी या नहीं और अगर आनी भी होगी, तो पहले संकेत या आभास तो मिल ही जाएगा, तब तैयारी करेंगे, तो वे सफल नहीं हो सकते। हममें से अधिकांश लोग अकसर ऐसा ही सोचते हैं। युवक-युवतियां तब तक अध्ययन करने के लिए तैयार नहीं होते जब तक उन्हें यह भरोसा न हो जाए कि उनका अध्ययन जल्दी ही काम आएगा। दूसरे शब्दों में हम कह सकते हैं कि आज के युवावर्ग में सब्र की कमी है। वे बहुत जल्दी परिणाम के इच्छुक होते हैं। वे सफलता के शिखरों को छूना तो चाहते हैं, किंतु सफलता का मूल्य नहीं चुकाना चाहते।

एक व्यक्ति से पूछा गया कि वह एक माह में कितने रुपये कमा लेता है, तो उसने उत्तर दिया, एक हजार रुपये। जब उससे पूछा गया कि वह कितने रुपये बचा लेता है, तो उसने कहा, कुछ नहीं। अगर देखा जाए, तो वह सही अर्थों में कुछ भी नहीं कमाता, क्योंकि असली कमाई तो उसकी बचत है। वह तो मात्र जीवन यापन कर रहा है। हमारी स्थिति भी इससे भिन्न नहीं है। हम विशेष योग्यताओं का अर्जन नहीं करते। हम उतनी ही योग्यता विकसित करते हैं, जितनी योग्यता की हमें रोज जरूरत होती है। संचय करने की हम आवश्यकता ही नहीं समझते। मगर यह उचित नहीं है। आगे बढ़ना है, सो संचित पूंजी तो होनी ही चाहिए। यही पूंजी है आपकी संचित शक्ति।

साहस बनाम विश्वास

ऐसा कोई भी कार्य नहीं है, जो साहस के बिना संभव हो सके। आज तक जिन-जिन व्यक्तियों ने जीवन की ऊंचाइयों को छुआ है, वे सब साहसी और आत्मविश्वासी व्यक्ति ही रहे हैं। संसार में प्रत्येक वस्तु का एक जोड़ा है। सुख के साथ दुःख है, अच्छाई के साथ बुराई, दिन के साथ रात, आशा के साथ निराशा और प्रकाश के साथ अंधकार। यानी प्रत्येक व्यक्ति के जीवन में सम-विषम परिस्थितियां आती ही रहती हैं। साहसी व्यक्ति सब प्रकार की परिस्थितियों का सामना बड़े धैर्य और हिम्मत से करते हैं। विषम परिस्थितियां उनके मार्ग में बाधक नहीं बनतीं, बल्कि प्रतिकूल वातावरण उनके लिए साधक सिद्ध हो जाता है।

आपने कई लोगों को शिकायत करते सुना होगा कि ''हमारा तो भाग्य ही खराब है। हम गरीब हैं, हमारे पास साधन नहीं, उन्नति कैसे करें? अगर हमें माहौल मिलता, या अवसर मिलते, तो हम कहां के कहां पहुंच जाते।'' जानते हैं, जब कोई व्यक्ति इस तरह की शिकायतों का रोना रोता है, तो सामने वाला सुनकर ऊपर से तो हां-हां करता जाता है, किंतु अंदर से वह यही कहता है कि यह सब बहानेबाजी है। यह सच भी है कि अकसर व्यक्ति अपने दोष छिपाने के लिए भाग्य और परिस्थितियों को दोष देता है। अगर आपमें योग्यता है, सामर्थ्य है, साहस है, आत्मविश्वास है, तो दुनिया की कोई भी ताकत आपकी सफलता में बाधक नहीं बन सकती।

कुछ व्यक्तियों को शिकायत रहती है कि उनके कार्यालय के लोग ही उनकी उन्नति में रोड़े अटकाते हैं, उनके मार्ग में बाधाएं खड़ी करते हैं। चलिए मान लेते हैं कि आपके कार्यालय के लोग ईर्ष्यावश आपकी टांग खींचते हैं, मगर उनसे डर कर साहस छोड़ने में कहां की बुद्धिमत्ता है। ऐसे अवसर पर तो आपके प्रयास दोगुने हो जाने चाहिए। ऐसे लोग तो आपके सामने एक चुनौती के रूप में खड़े हैं। साहस से काम लीजिए और उनकी चुनौती को स्वीकार कीजिए। शैक्सपियर के कथन को याद रखिए। वे कहते हैं, ''जो बातें मानवीय गौरव के अनुकूल हैं, उन सबकी पूर्णता के लिए मैं साहस रखता हूं। इससे अधिक साहस रखने वाला मानव नहीं होता।'' गेटे लिखते हैं, ''यदि साहस नहीं तो कुछ नहीं।'' आप भी इन उक्तियों को अपने जीवन का

107

उद्देश्य बना लीजिए। याद रखिए, साहसी व्यक्ति ही सफलता के असली हकदार हैं। एक छोटा-सा व्यापारी भी अपनी पूरी पूंजी अपने व्यापार में लगाने का साहस रखता है। अगर उसके पास यह साहस नहीं है, तो वह कभी भी सफल व्यापारी नहीं बन सकता।

इतिहास कितने ही शूर-वीर योद्धाओं के अदम्य साहस की कहानियां कह रहा है, जब सैनिकों ने अपनी जान की परवाह किए बिना अपनी हिम्मत और साहस का परिचय दिया। श्री ब्राडस लिखते हैं, ''हम जिन युवकों को साधारण समझ रहे थे, युद्ध में उनके अद्वितीय कारनामे सुनकर बड़ा अचरज हुआ। एक अयोग्य और अकर्मण्य समझे जाने वाले युवक ने एक बार जलते हुए एक बम को उठाकर खाई से बाहर फेंक दिया और दूसरी बार भीषण गोली वर्षा में जान पर खेलकर अपने साथी की प्राणरक्षा की।'' सोचिए यह एकाएक साहस कहां से आता है। यह साहस आता है आत्मविश्वास से। जब व्यक्ति की रगों में आत्मविश्वास की संजीवनी संचरित होने लगती है, तो उसके लिए कुछ भी असम्भव नहीं रहता। युद्ध के क्षेत्र में सेनापति का दिया जोशीला भाषण अयोग्य सैनिकों में भी विश्वास और उत्साह भर देता है। स्वेट मार्डेन लिखते हैं, ''यदि मानव में समीचीन विचार शक्ति होती, तो संसार में सदा विश्वास का ही शासन होता। मानव अपना मूल्यांकन अपनी शक्ति के अनुसार न कर, अपनी दुर्बलता के अनुसार करता है। वह अपना महत्त्व अपनी विजय से मापने के बजाए पराजय से मापता है।'' अकसर लोग सामर्थ्य होते हुए भी विश्वास के अभाव में असफल हो जाते हैं।

आज तक जितने भी मानव जाति की उन्नति के लिए आविष्कार हुए हैं, सब साहसी और आत्मविश्वासी लोगों के परिश्रम का ही परिणाम है। जार्ज स्टीफेन्सन ने खानों में काम करने वाले मजदूरों की सुरक्षा के लिए एक लैंप का आविष्कार किया। इसके लिए उन्होंने अपनी जान की बाजी लगा दी। वह अपने आविष्कार की जांच करने के लिए लैंप लेकर खान में उतरे। संभव था कि उनका प्रयास सफल न हो पाता। खान में धमाका होता और वह अपनी जान से हाथ धो बैठते, किंतु उन्हें स्वयं पर विश्वास था। उन्होंने साहस का दामन पकड़ा और अपने आविष्कार के परीक्षण के लिए अंधेरी खान में उतर गए। उन्होंने सफलता प्राप्त की। अंधेरी खानों में काम करने वाले लाखों मजदूर उनके उपकृत हैं, जिन्हें खानों में प्रकाश के अभाव में सदा मृत्यु अथवा दुर्घटना की दहशत बनी रहती थी। बेकन्सफील्ड ने शायद इसीलिए कहा था, ''कामयाबी का जन्मदाता है, साहस।''

ड्यूक आफ़ वैल्गिटन का अंगरक्षक नेपोलियन के भाग आने की खबर सुनकर घबरा गया। नेपोलियन एलवा से भागकर आया था। वह तपेदिक

का रोगी था। डॉक्टरों की राय में वह कुछ माह ही जीवित रह सकता था। वह भी तब जब वह अपने खान-पान में पर्याप्त परहेज रखे, किंतु नेपोलियन जैसा वीर योद्धा बीमारी का जीवन जीने की तमन्ना नहीं रखता था। उसका शरीर भले ही कमजोर होता जा रहा था, मगर मन नहीं। वह लड़ाई के लिए अपने रेजीमैन्ट में चला गया और वाटरलू की लड़ाई में खूब लड़ा। युद्ध में उसे भारी घाव लगा और उसके फेफड़े का गला हुआ भाग अपने आप अलग हो गया। इसके बाद वह कई वर्षों तक जीवित रहा।

सत्य तो यह है कि उसका जीवित रहना उसके साहस और आत्मविश्वास का परिणाम था। आज अगर हम नेपोलियन को जानते हैं, तो उसके साहस के कारण। शेक्सपियर ने ठीक ही कहा है कि ''निर्भीक व्यक्ति ही ख्याति के शिखरों को पलों में छू लेते हैं।''

भारत की स्वतंत्रता भी साहस और विश्वास के कारण ही संभव हुई। स्वतंत्रता आंदोलन के दौरान कितने ही वीर, साहसी, पराक्रमी व्यक्तियों ने अपनी जान की बाजी लगा दी। स्वतंत्रता सेनानियों में भारतीय महिलाओं का भी कम योगदान न था। दुर्गा भाभी, श्री देवी, प्रकाशवती, रल्ली देई, शास्त्री देवी, सावित्री देवी, सुशीला दीदी, मृणालिनी देवी, सुनीति देवी, ऐसु बाई, सुहासिनी गांगुली आदि कितनी ही महिलाओं ने अपने अदम्य शौर्य का परिचय दिया। इन महिलाओं ने यह नहीं कहा कि वे महिलाएं हैं, इसलिए कम शक्तिशाली हैं।

ननी बाला देवी सन् 1916 में विधवा हो गई थी। उन्होंने अमरेन्द्रनाथ चटर्जी से दीक्षा ली। वह महान् क्रांतिकारी थी। उनके भूमिगत रहकर काम करने के कारण पुलिस ने उनकी सूचना देने वाले के लिए पुरस्कार की घोषणा की थी। एक दिन वह हैजे से पीड़ित होकर घर में आराम कर रही थी। पुलिस आई और उन्हें उसी स्थिति में पकड़ कर ले गई। जेल में उनकी नग्न करके पिटाई की गई। उन्होंने सभी अमानवीय यातनाएं सहीं, मगर पुलिस को कुछ न बताया। इसके बावजूद उन्होंने जेल में 21 दिन की भूखहड़ताल की। ऐसी साहसी थी ननी देवी।

कल्पना दत्त ने 16 वर्ष की आयु में ही अंग्रेजों के खिलाफ बहादुरी के कारनामे कर दिखाए। 1930 में चटगांव में सूर्यसेन का क्रांतिकारी दल सक्रिय था। कल्पना दत्त इसी दल की क्रांतिकारी थी। सूर्यसेन, तारकेश्वर और कल्पना आदि पर चटगांव शस्त्रागार कांड के संबंध में मुकदमा चला। कल्पना को उम्र कैद की सजा हुई। तब वह मात्र 19

वर्षीया युवती थी। वह हताश न हुई। गांधी जी से भी उसने संपर्क रखा। जेल में उसने संस्मरण लिखे। 1937 में जब प्रांतीय स्वशासन लागू हुआ, तो गांधीजी के प्रयत्नों से 1 मई 1939 को कल्पना रिहा हो गई। 24 सितंबर 1970 को पूना में उन्हें 'वीर महिला' की उपाधि से सम्मानित किया गया।

वीना को 1 वर्ष का कठोर कारावास हुआ, परंतु अदालत के समक्ष उसने 3 पृष्ठों का लंबा बयान दिया। उसने कहा, "मातृभूमि के प्रति अपने प्रेम से प्रेरित होकर ही मैंने गवर्नर पर गोली चलाई। विदेशी सरकार के अत्याचारों से कराहते हुए भारत में जीवन क्या जीने योग्य है ? इसके बदले में अपना बलिदान करके विरोध प्रकट करना क्या अच्छा नहीं है ?" जानते हैं उस समय वीना की आयु क्या थी–मात्र 21 वर्ष।

जब लाला लाजपतराय की लाठियों से मृत्यु हो गई, तो भगत सिंह ने अंग्रेज सार्जेन्ट सान्डर्स को दिन दहाड़े गोली से उड़ा दिया। उसी रात शहर की दीवारों पर जगह-जगह पोस्टर चिपका दिया गया, "यह देशभक्त लाला लाजपतराय की मौत का बदला है।" तब लाहौर के चप्पे-चप्पे में पुलिस तैनात कर दी गई। उन्हें पकड़ने के लिए गुप्तचरों का जाल बिछ गया, फिर भी ये लोग पकड़ में नहीं आए, क्योंकि इनकी मददकर्ता थी दुर्गा भाभी।

1942 के उग्र आंदोलनों में अरुणा आसफअली का नाम सर्वप्रथम लिया जाता है। उनके साहस और आत्मविश्वास को देखते हुए उन्हें '1942 की हीरोइन' भी कहा जाता रहा। अरुणा आसफअली के बाद महिलाओं में सुचेता कृपलानी का नाम भी एक यादगार बना हुआ है। इन्होंने भी भूमिगत रहकर कार्य किया।

1942 के 'भारत छोड़ो' आंदोलन में उषा मेहता कालेज की पढ़ाई छोड़कर कूद पड़ी थीं। उन्होंने शराब की दुकानों पर धरने दिए, प्रदर्शन किए, नारे लगाए। उषा ने गुप्त प्रसारण सेवा शुरू करने के लिए एक गुप्त रेडियो की स्थापना की। इनके पिता सरकारी कर्मचारी थे। उन्हें नौकरी का खतरा था। उन्होंने उषा का विरोध किया, मगर परिवारवालों का विरोध उनके हौंसले को दबा नहीं पाया। उनके शब्द आज भी याद किए जाते हैं। उन्होंने कहा, "ऐसे समय जब सारे नेता जेल में हैं, प्रेस पर सेंसर है, आजादी की आवाज दबा दी गई है, उसे देशवासियों

तक पहुंचाने के लिए ऐसे रेडियो की सख्त जरूरत है।''

बनलता सेन भी क्रांतिकारी युवती थी। इन्होंने एम.ए. की परीक्षा जेल में रहते हुए पास की। माया घोष मात्र 15 वर्ष की थीं, जब उन्होंने देश के प्रति समर्पित होने की शपथ खाई। पहली बार जब वह पुलिस की पकड़ में आई, तब वह नाबालिग थी। इसलिए उसे छोड़ दिया गया। सुभाषचन्द्र बोस की भतीजी बेला मित्र ने भी उल्लेखनीय कार्य किए। नेता जी ने जब कांग्रेस का परित्याग करके विभाजित कांग्रेस का विरोधी सम्मेलन बुलाया, तब 19 वर्षीया बेला मित्र ही नारीवाहिनी की कमांडर चुनी गईं।

आज हम अपने देश में जो तिरंगा लहरा रहे हैं, उसे लहराने की आजादी हमें यूं ही नहीं मिल गई। यह कितने ही वीरों के साहस का परिणाम है। यदि साहस का पतन हो जाए, तो अन्य मानसिक शक्तियां भी साथ छोड़ देती हैं। रानी एलिजाबेथ के शब्दों में, ***''कायर पुरुष अकसर डगमगा जाते हैं, जबकि साहसी व्यक्ति बहुधा आपदाओं पर विजय प्राप्त कर लेते हैं।''*** साहसी व्यक्ति जीवन का एक लक्ष्य निर्धारित कर लेते हैं। उस लक्ष्य में वे कभी विचलित नहीं होते। मुसीबतें आती हैं, बाधाएं मार्ग रोकती हैं, मगर वे कांपते नहीं, दृढ़ रहते हैं। उन्हें अपनी शक्तियों पर जरा भी संदेह नहीं रहता और अपने शब्दों पर भरोसा रहता है। इस बात की चिंता नहीं होती कि उनके मित्रों या सहायकों ने उनका साथ छोड़ दिया है। उन्हें सदैव अपना लक्ष्य ही दिखाई देता रहता है। शेक्सपियर ने कहा है, ''कायर पुरुष अपनी मृत्यु से पूर्व ही अनेक बार मृत्यु का अनुभव कर चुकते हैं, जबकि वीर पुरुष कभी भी एक बार से अधिक नहीं मरते।'' ***साहसी व्यक्ति अपने इरादे नहीं बदलते, बल्कि अपने विश्वास पर अटल रहते हैं। उनका संकल्प अटूट होता है। वे असफलता से डरते नहीं, बल्कि कर्मक्षेत्र में कूद पड़ते हैं। अंततः उनका उत्साह, उनका परिश्रम उन्हें अपनी मंजिल तक पहुंचा ही देता है।***

उनका साहस या विश्वास सोडावाटर की तरह नहीं होता कि अभी तो उबाल खा रहा है, मगर थोड़ी देर में शांत हो गया। साहसी व्यक्तियों का उत्साह निरंतर बना रहता है। ऐसा व्यक्ति जब-जब भी गिरता है, पूरी हिम्मत से पुनः उठ खड़ा होता है। गिरता है, उठता है, मुस्कराता है और बढ़ता जाता है, अपनी मंजिल की ओर। वह अपने शब्द-कोश से असंभव शब्द निकाल फेंकता है। आत्मविश्वासी और साहसी व्यक्ति दृढ़ चट्टान की भांति होता है। हलके से हवा के झोंके पर वह पत्ते के समान कांपता नहीं। लोग भले ही उसे निरुत्साहित करने का प्रयास करें, उसका साथ छोड़ दें, मगर उसके आत्मविश्वास में जरा भी कमी नहीं आती।

जो लोग हमेशा यही कहते रहते हैं कि उनके लिए अवसर ही नहीं है वे साहसहीन व्यक्ति ही होते हैं। वे अकसर चांस लेने से कतराते हैं। उन्हें हमेशा असफलता का भय बना रहता है। यह भय ही उन्हें आगे बढ़ने नहीं देता। अगर आप साहसी और आत्मविश्वासी हैं, तो आपके व्यक्तित्व की अनेक कमियां छिप सकती हैं। आज आप जो पहाड़ों को चीरकर बनाई हुई नदियां देखते हैं, नदियों पर बने बड़े-बड़े पुल देखते हैं, यह सब साहसी लोगों के परिश्रम का ही फल है। महाद्वीपों की खोज कोई साहसी व्यक्ति ही कर सकता था। आपमें चाहे कितने ही गुण हों, कितनी ही योग्यता एवं क्षमता हो, अगर साहस और आत्मविश्वास नहीं है, तो आप सफल नहीं हो सकते।

कुछ व्यक्ति बड़े साहस और उत्साह से कार्य प्रारंभ करते हैं, मगर कार्य के बीच में ही उनका आत्मविश्वास उनका साथ छोड़ देता है और वे कार्य को वहीं छोड़ देते हैं। उनका अब तक किया गया पूरा परिश्रम व्यर्थ चला जाता है। उनमें विजय प्राप्ति तक कष्ट सहने की हिम्मत न थी। जो काम आपने हाथ में ले लिया है, उसे पूरा किए बिना न छोड़ें।

जॉनसन दो बार अमरीका की सीनेट का चुनाव हार गए, तो किसी ने पूछा कि क्या अब फिर दोबारा चुनाव में खड़े होओगे ? इस पर जॉनसन ने कहा था, "क्यों नहीं ? इस हार से मेरा दिल नहीं हारा है। जिस दिन मेरा दिल हार गया, उस दिन ही मैं स्वयं को हारा हुआ समझूंगा।" और अंततः वह चुनाव जीतकर ही रहे। वे लोग विवेकहीन हैं, जो तनिक-सी हार से अपना सब कुछ गंवा बैठते हैं। प्रत्येक असफलता के बाद दुगनी शक्ति से उठ खड़े होइए, दुगुने वेग से आगे बढ़िए, निरंतर बढ़ते जाइए, सफलता आपके कदम चूमेगी।

> *ऐसा कोई भी कार्य नहीं है, जो सहस और विश्वास के अभाव में किया जा सके। विवेकपूर्ण हिम्मत हर कार्य के लिए जरूरी है। सभी माता-पिता चाहते हैं कि उनका बच्चा साहसी बने। शुरू-शुरू में तो वे इसके लिए प्रयास भी करते हैं। मिसेज चावला की बेटी रश्मि बात-बात पर रोती थी। थोड़ी-सी चोट लगने पर सबको परेशान कर देती थी। इस पर मिसेज चावला ने उसकी पढ़ने वाली मेज पर शेर का स्टीकर चिपका दिया और उसे समझाया कि उसे शेर की तरह बहादुर बनना है, क्योंकि वह तो शेर-बच्ची है। अब रश्मि उतना नहीं रोती।*

लेकिन अकसर देखने में आता है कि जब बच्चा छोटा होता है, तो माता-पिता उसमें आत्मविश्वास और साहस जगाने की कोशिश करते हैं। मगर जब वह थोड़ा बड़ा हो जाता है, तो इसका प्रयास छोड़ देते हैं। कई माता-पिता पहले बच्चे पर जरूरत से ज्यादा ध्यान देते हैं, जिससे बच्चा उन पर आश्रित रहता है और दूसरे-तीसरे बच्चे

पर ध्यान ही नहीं देते, जिससे उसमें भी कमियां रह जाती हैं। दोनों ही बातें गलत हैं। प्रारम्भ से ही बच्चे का विश्वास जीतकर, उसमें अच्छे गुणों के विकास की ओर ध्यान देना चाहिए।

साहस सबसे बड़ा हथियार है। जो लोग साहस छोड़कर बैठ जाते हैं, वे मंजिल तक कभी नहीं पहुंचते। सफलता उन्हीं को मिलती है, जो कठिन परिस्थितियों में भी साहस का दामन नहीं छोड़ते। आप किसी भी क्षेत्र में काम क्यों न करते हों, साहस की आवश्यकता तो हर क्षेत्र में है। अगर आपके मन में अपने क्षेत्र में ख्याति अर्जित करने की चाह है, तो साहस और आत्मविश्वास का विकास चाहिए।

ओलबुल का नाम आज विश्वविख्यात है। वह प्रसिद्ध संगीतकार के रूप में जाना जाता है। वह अमेरिका में बाहर से आकर बसा था और उसने अपनी ख्याति के झंडे अमेरिका में गाड़ दिए। क्या आलोचकों ने उसके कार्य में बाधाएं नहीं पैदा की होंगी ? उसका आत्मविश्वास उसके साथ था, उसे सफलता मिली। आपका जीवन बहुमूल्य है। उसके मूल्य को समझिए। जरा-जरा सी बात पर मुंह लटका कर बैठ जाएंगे, तो बहुत-सी उपलब्धियों से वंचित रह जाएंगे। जब भी आपके मार्ग में कठिनाइयां आने लगें और आपको लगे कि आप हिम्मत खो रहे हैं, तो उन वैज्ञानिकों को याद अवश्य कीजिए, जिन्होंने एक-एक प्रयोग पर कितने ही वर्ष तक कार्य किया, किन्तु विचलित नहीं हुए। निश्चित रूप से आपको एहसास हो जाएगा कि आपके पास तो बहुत से साधन हैं।

प्रो. रामन प्रथम भारतीय भौतिकविद् थे, जिन्होंने द्रव, गैस और ठोस अणुओं द्वारा प्रकाश के प्रकीर्णन की व्याख्या की थी, जिसके लिए उन्हें 1930 में विश्व के सर्वोच्च पुरस्कार 'नोबेल पुरस्कार' से सम्मानित किया गया था। इस पुरस्कार को पाने वाले वह प्रथम एशियाई और भारतीय वैज्ञानिक थे। क्या इतनी बड़ी उपलब्धि प्राप्त करने वाले रामन के जीवन में कोई कठिनाई न आई होगी ? ऐसा तो हो ही नहीं सकता। कठिनाइयां तो अवश्य आई होंगी, लेकिन उन्होंने उसे अपने विश्वास से जीत लिया होगा।

भारत के आइस्टीन कहलाने वाले सत्येंद्र नाथ बोस को जब 14 वर्ष की आयु में 1908 में प्रवेश परीक्षा देने का अवसर मिला, तो परीक्षा से दो दिन पूर्व चेचक होने के कारण वह परीक्षा में न बैठ सके, मगर इस छोटी-सी असफलता ने उन्हें तोड़ा नहीं। होमी जहांगीर भाभा, जगदीश चंद्र बोस, औद्योगिक अनुसंधान के प्रणेता शांति स्वरूप भटनागर, प्रथम भटनागर पुरस्कार विजेता के.एस. कृष्णन, खगोल वैज्ञानिक सुब्रह्मण्यम चन्द्रशेखर आदि ऐसे ही वैज्ञानिक हैं, जिन्होंने अपने साहस और विश्वास के सहारे अपनी कल्पना को सत्य कर दिखाया।

क्या अब भी आपमें साहस और उत्साह के भाव पैदा नहीं हुए। अभी तो आपको बहुत कुछ करना है। आपके पास साधनों की कमी नहीं है। हां, कभी-कभी आपका विश्वास डोल जाता है और आप हारे हुए व्यक्ति का सा व्यवहार करने लगते हैं। अपनी असफलता का दोष कभी भाग्य पर लगाते हैं, तो कभी परिस्थितियों पर। मेरी मानिए, भाग्य को कोसना बंद कर दीजिए। अगर दोष ही देना है, तो अपनी निराशाओं और कुंठाओं को दीजिए, जो आपका मार्ग रोक रही हैं। चलिए, उठिए, आपके साथ आपकी आंतरिक मानसिक शक्तियां हैं। कोई भी बाधा आपका कुछ नहीं बिगाड़ सकती। आप जो चाहते हैं, वह बनकर ही रहेंगे। हिम्मत रखिए, आगे बढ़िए। सफलता आपकी प्रतीक्षा कर रही है।

कुछ आत्मविश्वासी हस्तियां

इसमें कोई संदेह नहीं है कि आत्मविश्वास बढ़ाने के लिए आत्मविश्वासी और सफल लोगों से संपर्क कर उनके अनुभवों से लाभ उठाने का प्रयास करना चाहिए। चलिए, आपको भी ले चलते हैं कुछ ऐसे सफल व्यक्तियों के पास, जिन्होंने अपने जीवन में कठोर परिश्रम और संघर्ष किया और आज मनचाही सफलता प्राप्त करने का संतोष उनके चेहरे से झलकता है।

महेश नारायण सक्सेना (शिक्षाविद्)

सक्सेना जी रिटायर्ड प्राचार्य हैं। इन्होंने बी.एस-सी., एम.ए. (हिंदी), एम.ए. (संगीत), साहित्य रत्न की डिग्रियां हासिल कीं और अपना कैरियर एक अध्यापक के रूप में प्रारंभ किया। 1941 से 1946 तक महेश जी मानव भारती स्कूल (मसूरी) में कार्यरत रहे। 1947 से 1950 तक प्रयाग संगीत समिति के डायरेक्टर के पद पर कार्य किया। 1950 से 1954 तक इलाहाबाद विश्वविद्यालय में संगीत के प्राध्यापक रहकर अध्यापन में लगे रहे। 1954 से 1975 तक नेतरहाट रेजीडेंशियल पब्लिक स्कूल (बिहार एजूकेशन सर्विस) में सीनियर मास्टर और हाउस मास्टर का पद संभाला। 1975 में गवर्नमेंट हाई स्कूल में प्राचार्य की पदवी ग्रहण की और 1976 में वहीं से रिटायर्ड हुए, लेकिन सरकारी विद्यालय से सेवानिवृत होने पर भी उन्होंने स्वयं को रिटायर्ड नहीं होने दिया। अपने परिश्रम को विराम न देते हुए 1976 से 1982 तक कोऑपरेटिव विद्यालय (रांची) में प्राचार्य का कार्य किया। 1982 से 1984 तक रांची के निकट के.जी. स्कूल के प्रिंसिपल रहे। 1984 से 1990 तक छः वर्ष वूमंस टीचर ट्रेनिंग सेंटर, मानव भारती मसूरी में कार्य किया, तत्पश्चात् एक वर्ष रेजीडेंशियल स्कूल 'मानस्थली', बरेली में डायरेक्टर का कार्य किया। इसी बीच सक्सेना जी ने कई नए स्कूल खुलवाए और शिक्षा प्रचार का हर संभव प्रयास करते रहे।

सक्सेना जी लगभग 22 वर्ष तक ऑडिशन बोर्ड ऑफ ऑल इंडिया रेडियो के सदस्य भी रहे और लगभग 20 वर्ष तक रेडियो में शास्त्रीय संगीत और सुगम संगीत के कार्यक्रम भी प्रस्तुत करते रहे हैं। आज भी 82 वर्ष की आयु में अपने पांच ऑडियो

कैसेट तैयार करवाए हैं। इनमें उन्होंने सभी गाने बिना पूर्वाभ्यास के गाए हैं। इसके अतिरिक्त कई संगीत की कई पुस्तकें भी लिखी हैं, जिनमें से कुछ हैं, 'नवीन बाल संगीत', 'शिव गीतिका', 'संगीत शास्त्र-1', 'संगीत शास्त्र-2', 'प्रार्थना संगीत' आदि। हाल ही में उनकी पुस्तक 'भगवान और इंसान', प्रकाशित हुई है। आजकल वह इस पुस्तक को अंग्रेजी भाषा में लिखने का कार्य कर रहे हैं।

सक्सेना जी अपनी सफलता का सारा श्रेय आत्मविश्वास, साहस और परिश्रम को देते हैं। आत्मविश्वास में बाधक के रूप में चिंता, भय, असंतुष्टि, संदेह आदि को मानते हुए कहते हैं, ''चिंता बाधक है, चिंतन साधक है। चिंता का मूल कारण यही होता है कि व्यक्ति बाधाओं और खतरों से बचना चाहता है, लेकिन हमें अच्छी तरह समझ लेना चाहिए कि खतरों से पलायन करके हम अस्थाई चिंता मुक्ति, तो प्राप्त कर सकते हैं, मगर स्थाई शांति नहीं पा सकते। कहा भी गया है—No risk no game. Greater the risk greater the game. जीवन को खेल समझें। आत्मविश्वास की साधना परिपक्व तभी होगी, जब व्यक्तिगत आत्मविश्वास, समाजगत आत्मविश्वास में परिणित हो जाए। सबसे पहले समझ लें कि जीवन में अच्छा-बुरा, सुख-दुःख, हार-जीत, उतार-चढ़ाव, तो आता ही रहता है। इसलिए अभाव, दुःख या हार आदि से अपने मन को कमजोर नहीं करना चाहिए, ताकि आप छोटे-बड़े उतार-चढ़ाव को आसानी से सहन कर सकें।''

आत्मविश्वास बढ़ाने का सबसे आसान तरीका क्या हो सकता है ? इसके उत्तर में सक्सेना जी कहते हैं, ''मैं अकसर अपने विद्यार्थियों को यही समझाता रहा हूं कि आत्मविश्वास की कमी का मूल कारण हमारे व्यर्थ के विचार हैं। आत्मविश्वास बढ़ाने के लिए वर्तमान में जीना सीखिए। छोटे-छोटे उत्सव मनाते रहें। अपने को श्रेष्ठ समझें। कितना कटु सत्य है कि बच्चा रोता हुआ पैदा होता है, थोड़ा बड़ा होता है, तो छोटी-मोटी बीमारियों से परेशान रहता है। स्कूल जाने लायक हुआ, तो पढ़ाई की चिंता शुरू हो जाती है। पढ़ाई खत्म हुई, तो नौकरी की समस्या, मन की नौकरी मिल भी गई, तो कार्यालय की छोटी-छोटी समस्याएं पीछा नहीं छोड़तीं। पहले शादी के लिए परेशानी, शादी के बाद बच्चों की चिंता...। आप एक कड़ी से दूसरी कड़ी जोड़ते जाइए। अगर आप यह सोचते हैं कि अमुक कार्य हो जाए, तो मैं सुखी हो जाऊंगा, तो यह आपका भ्रम है। अगर सुखी होना चाहते हैं, तो आज ही, इन्हीं परिस्थितियों में सुख खोजिए। यकीन मानिए अगर आप छोटी-छोटी बातों में भी प्रसन्नता खोजने की कला जान गए, तो आपका आत्मविश्वास भी स्वतः बढ़ता जाएगा।''

सक्सेना जी की बात मुझे समझ में आ गई, फिर भी उन्हें और कुरेदने के लिए मैंने कहा, ''संभवतः हम विषय से भटक गए हैं। आत्मविश्वास और प्रसन्नता दोनों

अलग-अलग हैं...।" इस पर सक्सेना जी बीच में ही टोकते हुए बोले, "हममें यही कमजोरी है कि हम प्रसन्नता और आत्मविश्वास को अलग-अलग मानकर चलते हैं, जबकि सत्य तो यह है कि प्रसन्नता सकारात्मक भाव है और आत्मविश्वासहीनता नकारात्मक। एक सकारात्मक भाव ही दूसरे नकारात्मक भाव को काट देता है। अगर आप प्रसन्नचित्त हैं, तो आपकी सोच शुद्ध होगी। अगर आप प्रसन्न रहने की कला जान जाएं, तो भय, चिंता, शोक, तनाव आदि पैदा ही नहीं होंगे। जब इन नकारात्मक भावों से मुक्ति मिल जाएगी, तो निःसंदेह आपका समाज को देखने का नजरिया बदल जाएगा। अपनी शक्तियों पर आपके संदेह और आत्मविश्वास के भाव भी लुप्त हो जाएंगे।"

ओमप्रकाश शर्मा (राजभाषा अधिकारी)

बाचतचीत के इस दौर में, दूसरी सफल हस्ती आंध्रा बैंक, दिल्ली में राजभाषा अधिकारी ओमप्रकाश शर्मा जी से इस विषय में विस्तृत वार्तालाप हुआ। वह आत्मविश्वास के महत्त्व को बताते हुए कहते हैं, "आत्मविश्वास के बिना जीवन के किसी भी क्षेत्र में सफलता प्राप्त नहीं की जा सकती। चाहे कैरियर हो, शिक्षा हो, नौकरी हो या व्यावहारिक जीवन। अगर आपमें आत्मविश्वास की कमी है, तो आप नीचे ही रहेंगे। आत्मविश्वास को बढ़ाने के लिए अच्छी-अच्छी पुस्तकें पढ़िए, विभिन्न लोगों से बातचीत करें और अपने अंदर की योग्यताओं को निखारने का लगातार प्रयास करते रहें।"

जब ओमप्रकाश जी से यह पूछा गया कि क्या आपके जीवन में कभी निराशा आई ? तो वह मुस्कराते हुए बोले, "निराशा तो एक अनचाहा मेहमान है। मेरे जीवन में जब भी निराशा आई, मेरी मित्र मंडली ने मुझे भरपूर सहयोग दिया। निराशा के क्षणों में अकेलेपन से बचना चाहिए, क्योंकि अकेले में तो आपके नकारात्मक विचार ही आप पर प्रभावी रहेंगे। अगर आप अपने मित्रों से मिलते हैं, तो उनके विचार अवश्य आपके विचारों को प्रभावित करते हैं। ध्यान साधना से भी निराशा से मुक्ति मिलती है।

"कई बार हमें प्रतिकूल परिस्थितियों में कार्य करना पड़ता है। तब लगातार तनाव की स्थिति बनी रहती है। ऐसे में आत्मविश्वास भी कम होने लगता है। हीनता के भाव ज्यादा उभरते हैं। इन विपरीत परिस्थितियों का सामना बड़े साहस से करना चाहिए। हो सकता है, आपको कार्यालय में ऐसे लोगों के बीच बैठकर कार्य करना पड़ रहा हो, जिनके विचार आपसे नहीं मिलते। अब इस बात से अगर आप खुद परेशान रहते हैं, तनाव में रहते हैं, तो आपका अपना ही नुकसान होगा। ऐसे में परिस्थितियों से समझौता करना आना चाहिए। अगर आप चाहें तो, अपने व्यवहार से दूसरों को बदल सकते हैं। अगर ऐसा नहीं कर पाते, तो खुद को बदल लें। मगर

तनाव में न रहें। यदि आप काफी समय से तनाव महसूस कर रहे हैं, तो तुरंत चौकन्ने हो जाइए। सबसे पहले अपना स्थान परिवर्तन करें। दूसरे, स्वयं को व्यस्त रखें। अगर कार्यालय की कोई परेशानी है, तो निःसंकोच तीन-चार दिन की छुट्टियां लेकर अपने शरीर और मन को आराम दें। इस बीच आप अपने मित्रों, शुभचिंतकों से संपर्क बनाएं। अपनी रुचि के अनुकूल कार्य करें। तीन-चार दिन बाद जब आप कार्यालय आएंगे, तो आपको उसी कार्य को लेकर वह परेशानी नहीं होगी। वैसे कई लोग इसे पलयान भी कहते हैं, मगर मैं इसे पलायन नहीं मानता, बल्कि यह तो खोई हुई ऊर्जा शक्ति को पुनः प्राप्त करने का एक उपाय है।''

डर के विषय में बात करते हुए शर्मा जी कहते हैं, ''हमें जब भी डर लगता है, अपनी ही कमजोरियों से लगता है। अगर मुझे आदेश हुआ है कि आज दो बैंकों का निरीक्षण करना है और मैं एक बैंक का ही निरीक्षण करके अपने घर चला जाता हूं, तो मेरे मन में डर पैदा होगा, क्योंकि इस डर का कारण मैं किसी से कह नहीं सकता, क्योंकि मैं यही कहता रहूंगा कि मुझे मेरे डर का कारण नहीं पता। जिसे आप डर कह रही हैं, यह डर नहीं, बल्कि आत्मविश्वास की कमी है। जब-जब भी आप गलतियां करते हैं आपका आत्मविश्वास कमज़ोर होने लगता है। आत्मविश्वास बढ़ाने के लिए छोटी-छोटी गलतियों से बचें, जिनके लिए आपको शर्मिंदा होना पड़ता है। आजकल बड़े-बड़े शहरों में बहुत अच्छे प्रोफेशनल कोर्सेस चल रहे हैं, जो आपके आत्मविश्वास में सहायक सिद्ध हो सकते हैं। इन कोर्सेस को ज्वाइन करना चाहिए। इनमें पहले बातों-ही-बातों में सामने वाले का स्तर जाना जाता है, बाद में उसी स्तर के आधार पर अभ्यास करवाया जाता है। मूल रूप से कहा जाए, तो ये कोर्सेस व्यक्ति के व्यक्तित्व के विकास में काफी सहायक सिद्ध हो सकते हैं।

''एक बात और कहना चाहूंगा। जब भी खाली समय मिले, आत्मचिंतन करें। अकसर यह होता है कि खाली समय मिलते ही व्यक्ति समीक्षक बन बैठता है। वह समाज की समीक्षा करता है, अपने आस-पास के लोगों के कार्यों की समीक्षा करता है, लेकिन अपनी समीक्षा नहीं करता। अपने आपको समय जरूर दें। व्यक्ति स्वयं ही अपना सबसे बढ़िया शिक्षक होता है। हम जितने बेहतर तरीके से अपनी समस्याएं सुलझा सकते हैं, उतने बेहतर तरीके से कोई दूसरा नहीं सुलझा सकता, क्योंकि हमारी दृष्टि में कोई समस्या गंभीर हो सकती है, लेकिन दूसरे की दृष्टि में क्या पता वह मामूली ही हो।''

यह पूछने पर कि आप जब किसी गहरी समस्या से घिर जाते हैं और आपका मन कमजोर पड़ने लगता है, तब आप क्या करते हैं ? शर्मा जी मुस्कराते हुए बोले, ''सबसे पहले मैं यह सोचता हूं कि कोई भी समस्या इतनी गंभीर नहीं होती, जिसका समाधान

न खोजा जा सके। अगर मुझे लगे कि मेरी हिम्मत मेरा साथ छोड़ती जा रही है, तो मैं उन तमाम लोगों को याद करता हूं, जिन्होंने मुझसे भी ज्यादा मुसीबतें झेली हैं। यकीन मानिए ऐसे लोगों को याद करते ही मुझमें जोश भर जाता है।''

अपराजिता लखेड़ा (सहायक आयुक्त)

कर्मचारी भविष्यनिधि संगठन की सहायक आयुक्त कुमारी अपराजिता लखेड़ा मानती हैं कि अनुशासन से ही आत्मविश्वास पैदा हो सकता है। वह कहती हैं, ''जिस व्यक्ति की नियमित दिनचर्या नहीं, वह कभी आगे नहीं बढ़ सकता। यदि आप अनुशासन में रहेंगे, तो आपको कभी समय की कमी की शिकायत नहीं रहेगी। आत्मविश्वास बढ़ाने के लिए सकारात्मक सोच का होना भी बेहद जरूरी है। जैसे ही कोई नकारात्मक विचार मन में उठने का आभास हो, उसी क्षण उसके स्थान पर सकारात्मक विचार लाने का प्रयास करें। विषम परिस्थितियों में साहसपूर्वक कार्य करने से आत्मविश्वास बढ़ता है। इसलिए कभी भी प्रतिकूल परिस्थितियां देखकर घबराना नहीं चाहिए। जब अंतर्मन गिरा-गिरा सा अनुभव कर रहा हो, तो नकली हंसी हंसें, मुस्कराएं। प्रसन्नता को कभी न खोएं। अलेक्जेंडर सोल्जेनित्सिन का कथन मैं हमेशा याद रखती हूं। वह कहते हैं, ''कोई व्यक्ति तभी तक प्रसन्न रह सकता है, जब तक वह प्रसन्न रहना चाहे और कोई भी उसे प्रसन्न रहने से रोक नहीं सकता। कार्य में एकाग्रता भी तभी आएगी, जब मन प्रसन्न होगा।''

चिंता के विषय में बात करने पर उनका कहना है, ''थोड़ी-सी चिंता तो बेहद जरूरी है। आपने नोट किया होगा कि परीक्षा के दिनों में विद्यार्थियों को जल्दी-जल्दी याद होने लगता है। उसके पीछे कारण यही होता है कि उन्हें परीक्षा का डर होता है, थोड़ा तनाव होता है। किंतु यही तनाव या चिंता जब जरूरत से ज्यादा बढ़ जाती है, तब हानिकारक होती है।

''ईर्ष्या भी आत्मविश्वास की कमी का ही परिणाम है। ईर्ष्या करने वाले व्यक्ति को स्वयं की शक्तियों पर विश्वास नहीं होता और वह दूसरों की उन्नति से दुःखी होता रहता है। इस तरह उसका पूरा व्यक्तित्व तार-तार हो जाता है। ईर्ष्या भाव दूर करने का सबसे आसान तरीका है कि जिस व्यक्ति के प्रति ईर्ष्या भाव आए, उसके गुणों की सराहना करना प्रारंभ कर दें। दूसरों के सामने उसके सफलताओं को सराहेंगे, तो आपके मन से ईर्ष्या भाव भी समाप्त हो जाएगा और आप उसकी सफलताओं से प्रेरणा भी ले पाएंगे।''

आत्मविश्वास के लिए दृढ़ निश्चय शक्ति पर प्रकाश डालती हुई अपराजिता कहती हैं, ''किसी भी कार्य में सफलता-असफलता हमारे संकल्पों पर आधारित होती है।

आपका निश्चय दृढ़ होना चाहिए, लेकिन हठीपन के भाव न हों। अपने निर्णयों पर डटे रहना अच्छी बात है, लेकिन ध्यान रखो कि मजबूती और जिद्द में अंतर होता है। आपको सभी समझा रहे हैं कि आप गलत दिशा में जा रहे हैं, लेकिन आप अड़े हैं कि नहीं मैं ही ठीक हूं, ये उचित नहीं। अपने से अधिक योग्य व्यक्तियों का मार्गदर्शन लेने से कभी हानि नहीं होती। पूरी तरह किसी के पीछे न लगें, मगर दूसरों की अच्छी राय सुनने और मानने में संकोच नहीं करना चाहिए।

श्री चन्द्रभानु आर्य (हिंदी विभागाध्यक्ष)

पं. जवाहरलाल नेहरू राजकीय स्नातकोत्तर महाविद्यालय, फरीदाबाद के हिंदी विभागाध्यक्ष श्री चंद्रभानु आर्य ने जीवन के कई उतार-चढ़ाव देखें हैं। इतने वर्ष युवाओं के बीच रहकर वे उनकी मनोस्थिति से पूरी तरह परिचित हो गए हैं। साहित्य के क्षेत्र में 1981 में उनका निबन्ध संकलन 'यूं ही', 1982 में उपन्यास 'सच्चा झूठ', 1986 में निबन्ध संग्रह 'चिंतन का ढोंग', 1987 में '51 बाल भाषण-किशोर भाषण', 1987 में 'अपना-अपना इतिहास' आदि पुस्तकें प्रकाशित हुईं। फिलहाल 'चिंतन के क्षण' शीर्षक से पुस्तक प्रकाशनाधीन है। आर्य जी से हुई बातचीत के कुछ प्रमुख अंश प्रस्तुत हैं।

उपमाश्री : किसी भी कार्य में सफलता के लिए आत्मविश्वास का कितना महत्त्व है ?

च.आ : आप 10वीं कक्षा के छात्र से भी अगर पूछेंगे, तो वह भी उत्तर देगा कि आत्मविश्वास के बिना सफलता पाई ही नहीं जा सकती। लेकिन फिर भी सभी व्यक्तियों में आत्मविश्वास नहीं होता। जब-जब भी व्यक्ति हारता है, आत्मविश्वास के कारण ही हारता है।

उपमाश्री : आत्मविश्वास में कमी कब आती है ?

च.आ : जब व्यक्ति अपने व्यक्तित्व का निरीक्षण नहीं करता, अपनी छोटी-छोटी कमियों को नजरअंदाज कर देता है। ये कमियां व्यक्तित्वरूपी दीवार में छेद का काम करती हैं और इन्हीं छेदों से हीनता, निराशा, चिंता आदि नकारात्मक भाव प्रवेश कर जाते हैं और व्यक्तित्व को खोखला करने लगते हैं।

उपमाश्री : इन कमजोरियों से कैसे बचा जाए ?

च.आ : व्यक्ति को निरंतर आत्मनिरीक्षण करना चाहिए। महात्मागांधी अपनी आत्मकथा में लिखते हैं कि मैं रात को सोने से पूर्व अपने से प्रश्न किया करता था, आज भी करता हूं कि आज मैंने कौन से अच्छे कार्य किए और कौन से बुरे कार्य किए। बुरे कार्यों के लिए मैं स्वयं को दुत्कारता था, अच्छे कार्यों के लिए

शाबासी देता था और आने वाले कल के लिए प्रतिज्ञा करता था। अपनी कमजोरियां सभी व्यक्ति जानते हैं, परंतु वे उन्हें स्वीकार नहीं करते। कमजोरियों को स्वीकार करेंगे, तो ही उनसे लड़ेंगे। आपके अंदर कोई बुरी आदत है और उससे आप छुटकारा पाना चाहते हैं, तो अपनी बाजू पर काला धागा बांधकर प्रण कीजिए कि इस आदत को छोड़ना ही है। ये काला धागा आपको हमेशा याद दिलाएगा कि आपने क्या प्रण किया था।

उपमाश्री : कोई ऐसा अनुभव बताएं जब आप निराशा के दौर से गुजरे हों और ये भी बताएं कि आप उससे कैसे उभरे ?

च.आ : (हंसते हुए) मेरे अब तक के जीवन में मुझे जब भी लगा कि मेरा मन कुछ डांवाडोल हो रहा है, मैं चौकन्ना हो गया। क्योंकि कभी भी भारी निराशा से गुजरने का अवसर ही नहीं मिला।

उपमाश्री : अच्छा ! तो फिर यही बता दीजिए कि अगर आपके पास आपका कोई निराश छात्र आता है, तो आप उसे निराशा से कैसे उभारेंगे ?

च.आ : पहले मैं उसे अपने विश्वास में लूंगा, उसकी निराशा का कारण जानूंगा। फिर उत्साह बढ़ाने वाले प्रेरक प्रसंग भी सुनाने पड़ेंगे। मैं उसे समझाऊंगा कि व्यक्ति को हमेशा अपने से नीचे की ओर देखना चाहिए।

उपमाश्री : (बात काटते हुए) मगर यदि उन्नति करनी है, तो हमेशा ऊपर की ओर ही देखना होगा, क्योंकि आप जिस ओर देखेंगे उसी ओर बढ़ेंगे।

च.आ : आपकी बात बिलकुल ठीक है। लेकिन आपका प्रश्न था कि निराश व्यक्ति को कैसे उभारेंगे। निराश व्यक्ति को तो यही समझाना पड़ेगा। जब वह सामान्य हो जाएगा तो उससे दूसरी तरह बात की जाएगी। उससे कहा जाएगा कि प्रतिकूल परिस्थितियों में भी सामान्य रहो।

उपमाश्री : प्रतिकूल परिस्थितियों में भी सामान्य कैसे रहा जा सकता है ?

च.आ : देखिए, आपके सारे प्रश्न मनोविज्ञान पर आधारित हैं। प्रतिकूल परिस्थितियां प्रत्येक व्यक्ति के जीवन में आती हैं। उन्हें चुनौती के रूप मे स्वीकार करना चाहिए। मेरे कैरियर के शुरुआती दिनों में मेरा बैंक में क्लर्क के पद पर चयन हुआ। वहां का कार्य मुझे पसंद नहीं था। मेरी रुचि अध्ययन अध्यापन में थी, तो मैंने उसे चुनौती के रूप में लिया। मैंने अपनी पढ़ाई जारी रखी और अपने प्रयत्नों में किसी भी प्रकार की कमी नहीं आने दी और मैंने अपनी निर्धारित मंजिल पा ली।

उपमाश्री : चिंता से बचने का कोई उपाय बताइए।

च.आ : वर्तमान में रहें। भूतकाल आपके हाथ से निकल चुका है, भविष्य के विषय में आपको कुछ ज्ञात नहीं है, तो भूत-भविष्य के विषय में सोचकर अपना वर्तमान खराब करने का क्या लाभ ! दूसरी बात कि निकम्में न बनें। अकसर निकम्में व्यक्तियों को ज्यादा चिंता होती है, क्योंकि उसके पास चिंता करने के लिए समय होता है। तीसरी बात कि चिंता न करने की आदत बनाइए। कुछ लोगों को चिंता पालने की आदत होती है, तो कुछ लोगों को चिंता टालने की आदत भी होती है। चिंता टालने की आदत बना लेंगे तो वह सदा के लिए टल जाएगी।

अगर किसी व्यक्ति को चिंता करने की आदत है, तो उसके सामने चिंता करने के ढेरों कारण आ जाएंगे। अगर आपने सोच लिया कि चिंता नहीं करनी है, तो आपको लगेगा कि परिस्थितियां स्वयं आपके अनुकूल बनती जा रही हैं। दो व्यक्ति बैठे हैं। एकाएक कोई चूहा आ जाता है। संभव है एक व्यक्ति शोर मचाने लगे, उछलने लगे और दूसरा चुपचाप बैठा हंसता रहे। इसी तरह चिंता भी एक छोटा-सा चूहा है, जो आपको डराने आता है। यह आप पर निर्भर करता है कि आप उसे कितना महत्त्व देते हैं।

उपमाश्री : हमारे पाठकों के लिए कोई विशेष संदेश !

च.आ : बस, इतना ही कहूंगा कि अपने व्यवहार को, मन को संतुलित रखिए। जिस तरह आत्मविश्वास कम होने से प्रगति रुक जाती है, उसी तरह अति आत्मविश्वास से भी बाधाएं आती हैं। मैं स्नातक में तृतीय श्रेणी में पास हुआ था। यद्यपि प्रारंभ से ही मैं मेरिटलिस्ट में रहा हूं। उसका कारण मेरा अति आत्मविश्वास था। अध्यापकों की अति प्रशंसा ने मुझे 'ओवर कान्फीडेन्ट' कर दिया। परिणाम मुझे भुगतना पड़ा। स्नातकोत्तर में मैंने प्रथम श्रेणी प्राप्त की। मुझे ठोकर लगी, मैं संभल गया। आप ठोकर लगने से पहले ही संभल जाएं।

श्री कृपाल सिंह (राजभाषा अधिकारी)

कुछ व्यक्तियों का जीवन शुरू से ही संघर्षों में बीतता है, किंतु वे हिम्मत नहीं हारते। जो ठान लेते हैं, वह करके ही दम लेते हैं। श्री कृपाल सिंह भी ऐसे ही जुझारू और संघर्षशील व्यक्तियों में से हैं, जिन्होंने पग-पग पर मुसीबतें झेलीं, किंतु हिम्मत नहीं हारी।

कृपाल सिंह मानते हैं कि आत्मविश्वास को विकसित करना एक दीर्घकालीन प्रक्रिया है। आत्मविश्वास कोई ऐसी वस्तु या भाव नहीं है, जिसको दो मिनट में ही प्राप्त

किया जा सके। यह ठीक है कि कुछ व्यक्तियों की उक्तियां हमें उत्साहित करती हैं, हममें आत्मविश्वास जगाती हैं। आप पुस्तक लिख कर जो लोगों के लिए प्रेरणादायक कार्य कर रही हैं, इससे लाभ तो उन्हीं को होगा, जो इसे पढ़कर आपके अनुभवों पर अमल करेंगे। बिना प्रयास किए आत्मविश्वास को नहीं पाया जा सकता। आत्मविश्वास संस्कारों, पारिवारिक पृष्ठभूमि, शिक्षा-दीक्षा, संगति और कार्यशैली पर निर्भर करता है। मान लीजिए पहले तीन प्वाईंट संस्कार, पारिवारिक वातावरण और शिक्षा में आप पिछड़ गए हैं और अब पुनः अथ से प्रारंभ करना चाहते हैं, तो भी संगति और कार्यशैली के माध्यम से आप स्वयं को बदल सकते हैं। अच्छी संगति में रहेंगे, आत्मविश्वासी लोगों के बीच रहेंगे, तो निश्चित रूप से आप में भी आत्मविश्वास जागेगा। उसके बाद आप अपनी कार्यशैली में परिवर्तन लाकर उस जागे हुए आत्मविश्वास को स्थायित्व दे सके हैं। प्रत्येक व्यक्ति का कोई आदर्श पात्र होता है। हो सकता है कि वह उसके समकालीन हो, ऐसी स्थिति में उसके सान्निध्य से भरपूर लाभ उठा सकते हैं। अगर कोई दिवंगत व्यक्ति आपका आदर्श है, तो उसकी अच्छाइयों और जीवन की घटनाओं से आप अनुभव प्राप्त कर सकते हैं।

अगर आप आत्मविश्वासी बनना चाहते हैं तो कुछ महत्वपूर्ण बातों का ध्यान रखें। पहली बात स्वाध्याय की आदत डालें। नियमित अध्ययन करें। महान पुरुषों की जीवनियां पढ़ें। प्रेरक प्रसंग पढ़ें। उनसे आपको मार्गदर्शन मिलेगा। दूसरी बात कि आप कर्तव्यनिष्ठ बनें। कर्तव्यनिष्ठा में सब कुछ आ जाता है। अनुशासन, सत्यवादिता, ईमानदारी, मेहनत, दृढ़ निश्चय आदि सब गुण कर्तव्यनिष्ठ व्यक्ति में स्वतः आ जाते हैं। तीसरी बात महत्वाकांक्षी होना बहुत जरूरी है। महत्वाकांक्षी व्यक्ति के चेहरे पर एक तेज होता है। यह तेज उसकी तीव्र आकांक्षा और उसके विश्वास का ही होता है। कई व्यक्ति किसी को बताना नहीं चाहते कि मैं अमुक कार्य कर रहा हूं, क्योंकि उनके मन में संदेह होता है कि अगर वे सफल न हुए, तो लोग क्या कहेंगे। महत्वाकांक्षी व्यक्ति अपने कार्य की घोषणा करने में नहीं थकता। चौथा बिंदु है—सकारात्मक सोच। कभी भी नकारात्मक न सोचें। तनाव से बचें। भविष्य के प्रति आशावादी दृष्टिकोण रखें। जैसा आपका दृष्टिकोण होगा, वैसी ही आपको उपलब्धि होगी।

आजकल जब मैं लोगों को आत्महत्या जैसा जघन्य निर्णय लेते देखता हूं, तो मन बहुत दुःखी होता है। युवा व्यक्ति ज्यादा आत्महत्या कर रहे हैं। इसके पीछे का कारण भी आत्मविश्वास की कमी नहीं है। आत्मविश्वासहीन व्यक्ति विवेकहीन हो जाता है। कुछ युवक छोटी-छोटी बात पर क्रोधित हो जाते हैं। उनका यह आक्रोश भी आत्मविश्वास की कमी को ही दर्शाता है। युवकों को चाहिए कि वे अपनी एक निश्चित

दिनचर्या बनाएं। उस दिनचर्या में प्रत्येक रुचि को समय दें। भले ही कम समय दें, मगर दें जरूर। टाइम-टेबल बनाए बिना कार्य करते हैं, तो बहुत समय व्यर्थ चला जाता है। अच्छी आदतों का विकास करें। अपने निश्चय पर दृढ़ रहें। आत्मविश्वास स्वतः आ जाएगा। मैं फिर कहना चाहूंगा कि आत्मविश्वास को स्थाई बनाने का प्रयास करें। यह केवल कर्म करने से ही बढ़ सकता है, बातें करने से नहीं। संस्कृत के एक श्लोक में व्यक्ति को तीन श्रेणियों में बांटा गया है। एक वे लोग हैं जो कार्य प्रारंभ ही नहीं करते, यह सोच कर कि कार्य असंभव है, ये अधम श्रेणी के लोग हैं। मध्यम श्रेणी के लोग कार्य बड़े उत्साह से प्रारंभ करते हैं, मगर कठिनाइयों को देखकर कार्य बीच में ही छोड़ देते हैं। उत्तम श्रेणी के लोग जो कार्य हाथ में लिया है, उसे पूर्ण आत्मविश्वास से पूरा करके ही छोड़ते हैं। मैं भी इसी बात पर ही ज्यादा जोर देना चाहता हूं।''

कृपाल सिंह जी को मैंने बहुत-बहुत धन्यवाद दिया कि उन्होंने हमारे पाठकों को अपने मौलिक विचार दिए। मेरे द्वारा पुनः पूछने पर कि ''क्या आपके जीवन में कोई ऐसी घटना घटी है, जो हमारे पाठकों को प्रेरणा दे सके, जब आपने कठिनाइयों का सामना साहस से किया हो ?'' इस पर वह मुस्कराते हुए बोले, ''साहस तीन प्रकार का होता है–साहस, दुस्साहस और सत्साहस। दुस्साहस को छोड़कर साहस और सत्साहस का दामन कभी नहीं छोड़ना चाहिए। मेरा अब तक का पूरा जीवन ही संघर्षों और कठिनाइयों में बीता है।'' इतना कहने पर कृपाल जी कुछ पल मौन रहे, फिर एकाएक बोले, ''मैं बहुत गरीब परिवार से सम्बन्धित रहा हूं। जब मैं सातवीं में था, तो मेरे पिताजी का देहांत हो गया। पारिवारिक, आर्थिक अभावों से जूझते हुए मैंने स्नातक तक पढ़ाई की। मैं बचपन से ही कक्षा में प्रथम आता रहा हूं। हालांकि मेरे पास कभी भी पूरी किताबें नहीं होती थी, साथियों से मांग कर ही मैं पढ़ाई करता था। स्नातक तक भी मैंने अपने इस रिकार्ड में कोई कमी नहीं आने दी थी। मैं आगे पढ़ना चाहता था, मगर बड़े भाईसाहब ने स्पष्ट कह दिया कि वह एक पैसे की भी सहायता नहीं कर सकते। मैं उन्हें बोझ लगने लगा था। उन्होंने तो यहां तक कह दिया कि घर से निकल जाओ और अपने खाने-पीने का प्रबंध भी स्वयं करो, मगर मैंने हिम्मत नहीं हारी। मैं घर से अलग रहने लगा। इस समय मेरे एक अध्यापक ने मेरी सहायता की। उन्होंने मुझे बी.एड. करने का सुझाव दिया। उस समय बी. एड. की फीस 161 रुपये थी। मेरे लिए यह बहुत बड़ी रकम थी। उन्होंने स्वयं ही सहायता की। उन्होंने कहा कि इसके बदले में मैं उनके बच्चों को पढ़ा दिया करूं। इसके लिए वह मुझे 25 रुपये प्रति माह देंगे। मैं जानता हूं कि उनके बच्चों को ट्यूशन की जरूरत नहीं थी, मगर मेरे वह अध्यापक मेरी सहायता करना चाहते थे। उन्होंने अपनी पुरानी साइकिल ठीक करवा कर मुझे दे दी, ताकि मैं घर-घर

जाकर बच्चों को ट्यूशन पढ़ा सकूं। 1972 में मैंने एक स्कूल में 70 रुपये प्रति माह पर नौकरी की। मगर मेरा मन था कि मैं एक शिक्षण संस्थान का निर्माण करूं। इसके लिए मैं यहां-वहां चर्चा करता ही रहता था। एक जानकार ने अपनी ऊसर भूमि मुझे स्कूल के लिए दान में दे दी। मुझे स्कूल चलाने में एक साल ही लगा। मगर जिन लोगों ने मुझे भूमि दान में दी थी, उनकी नीयत ठीक नहीं थी। वे मुझसे कुछ नाजायज काम करवाने के इच्छुक थे। मगर मैं उस हक में न था। दूसरी ओर इतने परिश्रम से संस्थान शुरू करके अब विद्यार्थियों को मझदार में छोड़कर भाग भी नहीं सकता। उन लोगों के साथ तनाव इतना बढ़ गया कि वे लोग मेरी जान के दुश्मन हो गए। मैंने 12 वर्ष उस संस्थान को चलाया। इसी बीच उसी स्कूल के एक अध्यापक ने मुझे बताया कि भविष्यनिधि कार्यालय में हिंदी अधिकारी का पद रिक्त है। मैंने आवेदन भरा और मेरा यहां चुनाव हो गया। अब भी मैं उस संस्थान को किसी योग्य व्यक्ति की देख-रेख में ही छोड़कर आया हूं। 1985 से मैं यहां (भविष्यनिधि कार्यालय) कार्य कर रहा हूं। जीवन में इतनी विकट परिस्थितियां झेली हैं कि कठिनाइयों से मुझे जरा भी डर नहीं लगता। आज मैं पूरे आत्मविश्वास से कह सकता हूं कि मुझे किसी भी प्रकार का काम दिया जाए, तो मैं पूरे आत्मविश्वास से कर सकता हूं।''

निश्चित रूप से कृपाल सिंह जी की बातों में जोश था। उनकी विनम्रता, योग्यता और आत्मविश्वास को देखकर कोई भी व्यक्ति प्रेरणा ले सकता है।

प्रार्थना

प्रार्थना में दया की भीख न मांगिए। मांगने ही लगे हैं, तो शक्ति मांगिए, सहनशीलता और आत्मविश्वास मांगिए। नागोची ईश्वर से प्रार्थना करता है, "मैं तुमसे मांगने आया हूं, पर यह नहीं कि प्रभु, तू मेरा रास्ता आसान कर दे। मैं मांगता हूं कि प्रभु रास्ता भले की कठिन हो, मगर मुझे चलना आ जाए। समस्याओं का बोझ भले ही कितना भी हो, मुझे उस बोझ को उठाने की शक्ति देना।" इसी तरह गांधीजी भी ऐसी प्रार्थना करते थे, जो उन्हें आत्मविश्वास देती थी। गांधीजी कहते थे, "हे राम ! मैं चल तो लूंगा, मंजिल पर पहुंच भी जाऊंगा, मगर प्रभु, मेरा पहला क़दम उठाने में मेरी सहायता करो।" ये महान् व्यक्ति अपनी प्रार्थना में भी श्रेष्ठ बने रहे। ये लोग जानते थे ईश्वर उन्हीं की सहायता करता है, जो अपनी सहायता स्वयं करते हैं। इसलिए इन्होंने ईश्वर के आगे भी भिखारी बनना पसंद नहीं किया।

संकल्पों का घोषणा-पत्र

आपका दृढ़ संकल्प आपको सफलता के शिखरों तक पहुंचा सकता है। आपका विश्वास ही आपका सच्चा मित्र है। हिम्मत व्यक्ति को असंभव कार्य करने के लिए प्रेरित करती है। यह प्रेरणा ही आपका संबल है। तमाम इच्छाओं को पैदा होने दीजिए। मैं विश्वास दिलाती हूं कि आप जो बनना चाहते हैं, बन सकते हैं। बशर्ते कि आपको अपनी सफलता पर विश्वास हो।

आपसे इतनी सारी बातें की गईं। उनका कुछ परिणाम तो निकलना ही चाहिए। मैंने बार-बार संकल्प करने पर बल दिया है, क्योंकि मैं संकल्प की शक्ति के महत्त्व को जानती हूं। संकल्प शक्ति ही आत्मविश्वास और साहस जगाने में सहायक हो सकती है। संकल्प शक्ति ही आपके मन में अंकुरित हो रहे खरपतवार रूपी नकारात्मक विचारों को हटाने में मदद कर सकती है। चलिए, आज और अभी हम कुछ संकल्प लें और उन्हें पूरा करने के लिए भी दृढ़प्रतिज्ञ हो जाएं।

क्या-क्या संकल्प करें ?

- मुझमें बहुत-सी शक्तियां हैं, इसलिए मुझे उन सभी शक्तियों का प्रयोग करना है। मैं अपनी शक्तियों को पहचानकर ही रहूगा/रहूंगी।
- मुझे सदैव प्रसन्न रहना है। विपरीत परिस्थितियों में भी फूल की तरह मुस्कराना है।
- मुझे अपनी मानसिक शक्तियों का विकास करना है। इसके लिए मैं अच्छी पुस्तकों को अपना मित्र बनाऊंगा/बनाऊंगी।
- चिंता, भय, शोक तो कायर लोगों की पहचान है। मैं कायर नहीं हूं। मैं साहसी हूं। मैं इन विपरीत भावों का साहस से सामना करूंगा/करूंगी।
- मुझे मेरे लक्ष्य से कोई नहीं हटा सकता।

- आज से मैं अपने जीवन के लक्ष्य के प्रति पूरी तरह ईमानदार रहूंगा/रहूंगी।

- मैं रोज आत्मचिंतन और आत्ममूल्यांकन से स्वयं के व्यक्तित्व को निखारूंगा/निखारूंगी।

- मुझे स्वयं पर विश्वास है और मैं इस विश्वास को सदैव कायम रखूंगा/रखूंगी।

इस तरह सच्चे मन से की गई प्रतिज्ञा, बार-बार दोहराए गए संकल्पों से शक्तियां दोगुनी-चौगुनी बढ़ जाती हैं।

● ● ●

करें स्वागत हर संघर्ष का

हर बीज
अंकुरित नहीं होता
हर कली
पुष्प नहीं बनती
रह जाते कुछ
फल अधपके
घास उगने से भी पहले
सूख जाती है कभी
और पतझड़ से भी पहले
रूठ जाते पत्ते कभी
वृक्ष रह जाते हैं बौनें
फूल कांटों से हों पीड़ित
कर लेते हैं आत्महत्या
लेकिन,
लेकिन प्रकृति प्रतिदान देती
उसी पुष्प को सम्मान देती
जो प्रकृति के हर उपहार को
मुस्कराकर गले लगाए
फूल कांटों संग मुस्कराए
कली खिल फूल हो जाए
घास प्रेम से पग सहलाए
पेड़ ऊंचे हाथ उठाए
करें स्वागत हर संघर्ष का।

रोमी सूद 'उपमाश्री'